CAHIER DE VACANCES ADULTES 2023

Tour de France™

21 ÉTAPES, + DE 120 ÉPREUVES POUR FAIRE LE TOUR DU TOUR

Textes : Mativox
(Myriam Thouet
et Éric Mathivet)

SOLAR EDITIONS

Passionnés de la Grande Boucle, cyclistes de toutes catégories, bienvenue dans ce cahier de vacances spécial Tour de France ! Voici une belle échappée pour révéler l'étendue de votre savoir sur cette course mythique et sur le vélo, tout en vous amusant.

Nous vous proposons, au fil de 21 étapes et de 4 thématiques autour du Tour plus de 120 jeux de toutes sortes qui vous permettront de réviser – et sûrement d'enrichir ! – vos connaissances sur la compétition cycliste la plus célèbre du monde !

SOMMAIRE

Étape 1

TOUS EN SELLE !

Le vélo, c'est l'outil de travail du cycliste professionnel. Mieux vaut donc en connaître un rayon avant de se lancer sur la Grande Boucle.

1 ANATOMIE DE LA BICYCLETTE

Associez à chaque composant du vélo le numéro qui lui correspond.

Amortisseur	◯	Base arrière	◯
Bielle	◯	Chaîne	◯
Dérailleur arrière	◯	Dérailleur avant	◯
Frein arrière	◯	Frein avant	◯
Fourche	◯	Guidon	◯
Hauban	◯	Jante	◯
Moyeu	◯	Pédale	◯
Pignon	◯	Poignée	◯
Plateaux	◯	Rayon	◯
Selle	◯	Tube de direction	◯
Tube diagonal	◯	Tube horizontal	◯
Tube de selle	◯	Valve	◯

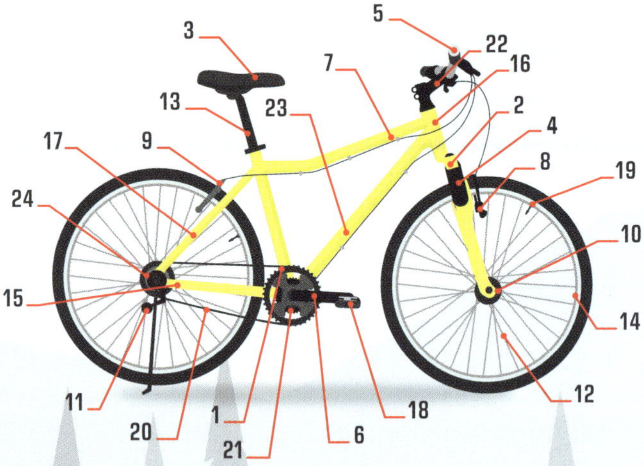

2 LE QCM DU TDF

A. Le mot « vélo » vient de *velox*. Quelle est la signification de cet adjectif latin ?

a. « Rond ».

b. « Rapide ».

c. « Mobile ».

B. À qui la bicyclette doit son surnom de « petite reine » ?

a. À une reine des Pays-Bas.

b. À un renne du Père Noël.

c. À une tarte aux prunes reine-claude.

C. Que désignait à l'origine le mot « tandem » ?

a. Un huilier-vinaigrier.

b. Une selle de cheval à deux places.

c. Un attelage constitué de deux chevaux attelés l'un derrière l'autre.

D. Qui a dit : « Une erreur courante consiste à penser que le vélo est le mari de la bicyclette. » ?

a. Le cycliste Richard Virenque.

b. Le naturaliste Carl von Linné.

c. L'humoriste Pierre Desproges.

3 RENDEZ À CÉSAR...

Complétez le tableau en utilisant une fois et une seule chacun des éléments suivants :

John Boyd Dunlop · Pierre et Ernest Michaux · Édouard Michelin · Karl Drais von Sauerbronn · bicyclette · jantes et fourches creuses · 1817 · 1891

Inventeur	Invention	Date
	draisienne	
Kirkpatrick MacMillan		1839
	pédalier	vers 1860
Jules Truffault		1875
	pneumatique	1888
	chambre à air	

4 DEUX-ROUES EN RÉBUS

A.

Indice : (faux) ancêtre de la draisienne.

B.

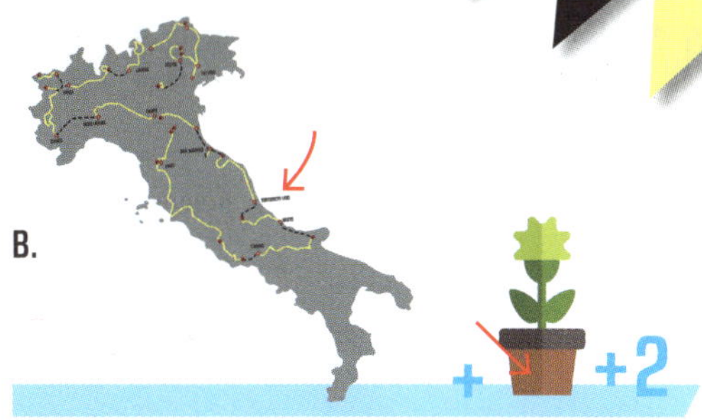

Indice : deux-roues à deux roues… parallèles.

C.

Indice : deux-roues à moteur.

D.

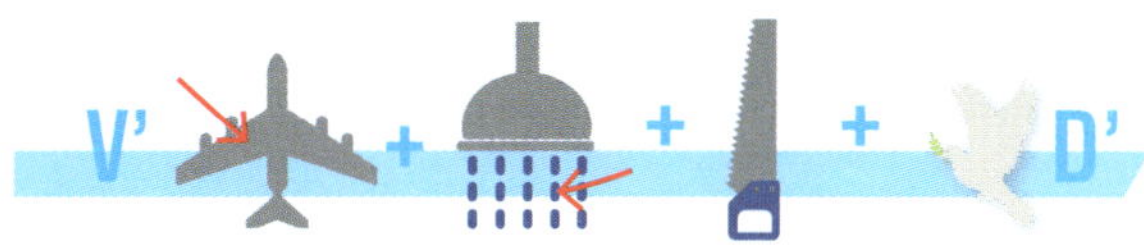

Indice : autre nom de la bicyclette, dans sa version longue.

5 MOTS CACHÉS

Retrouvez dans la grille (à l'horizontale ou à la verticale) les mots suivants, qui désignent des « cousins ou cousines » de la bicyclette. Une lettre peut servir plusieurs fois.

- cycle
- draisienne
- draisine
- grand bi
- monocycle
- pédalo
- rosalie
- tandem
- tricycle
- VAE (vélo à assistance électrique)
- vélocipède
- VTC (vélo tout chemin) (2 fois)
- VTT (vélo tout-terrain)

E	N	N	E	I	S	I	A	R	D
T	R	I	C	Y	C	L	E	O	R
A	O	L	A	D	E	P		S	A
N	V	A	E	L	C	Y	C	A	I
D	T	V	T	T	C	T	V	L	S
E	C	G	R	A	N	D	B	I	I
M	O	N	O	C	Y	C	L	E	N
V	E	L	O	C	I	P	E	D	E

6 LES DINGBATS DU VÉLO

Retrouvez des termes ou expressions associés au vélo en décryptant ces dingbats.

A. **SEMPÉDALEROULE**

B. ÊTRE

C.

D. **GUIDTÊTEON**

Étape 2

L'ATLAS DU TOUR

Le tracé du Tour de France a toujours évolué. Et depuis les années 1950, il ne suit plus vraiment les contours de la France. Il n'est même pas rare qu'une ou plusieurs étapes aient lieu à l'étranger !

1 MÉMORISEZ, PRÊT, PARTEZ !

Avez-vous une bonne mémoire ? Pour le savoir, tâchez de compléter la carte du parcours du Tour de France 2022.

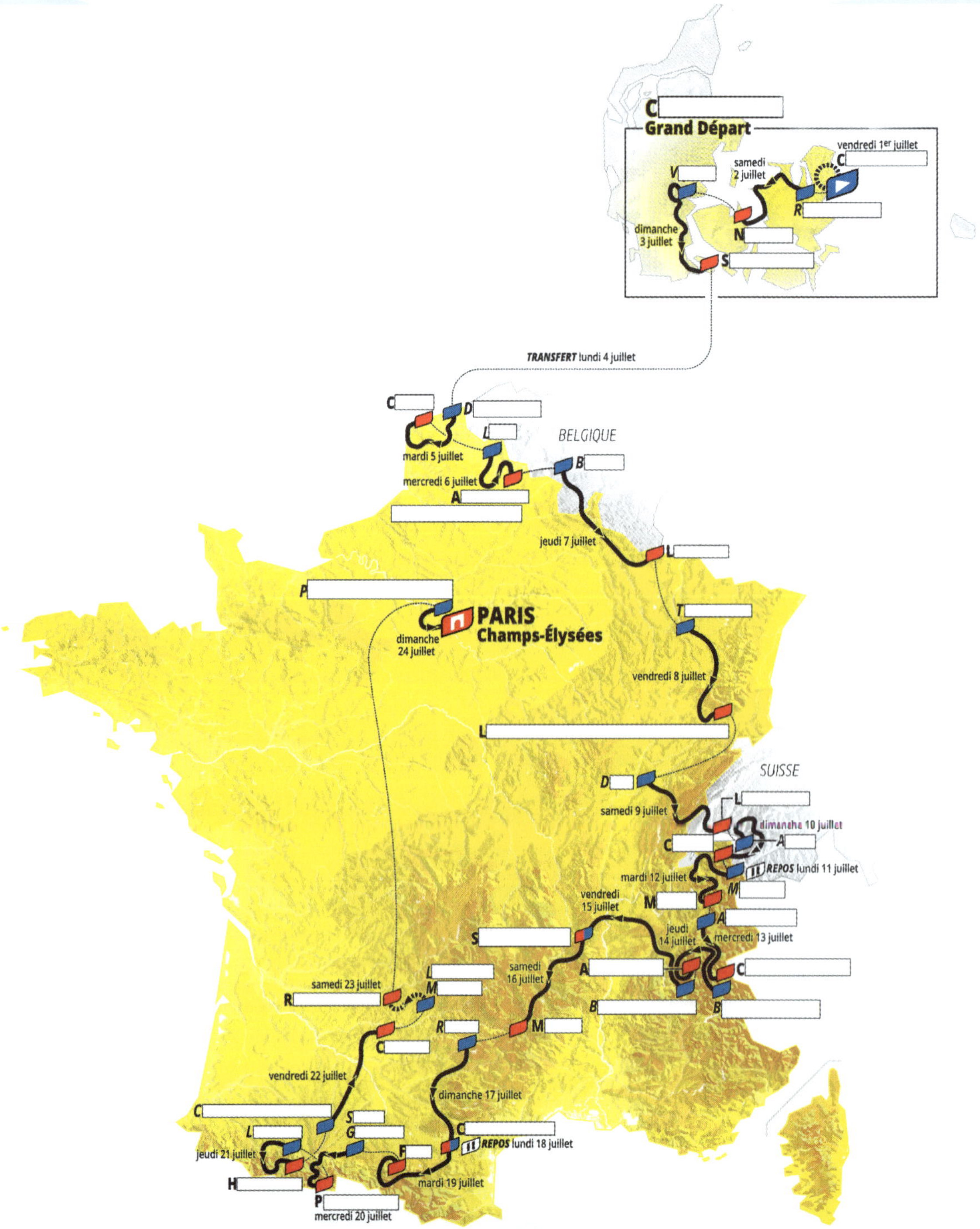

2 UN AUTRE TOUR EN FRANCE

En parallèle du Tour de France, se tient chaque année depuis 2015 le Love Tour, une course amateur organisée par le magazine cycliste *200*. En 2022 a eu lieu du 2 au 17 juillet le « ReTour de Montcuq » : le nom de chacune de ses étapes est pour le moins... évocateur ! Entourez sur la carte les 15 étapes de son tracé.

Souillac > MontCuq > Monteton > La Moulasse > La Conne > Branlette > Glandes > Mouais > Périnée > Hébécrevon > Triqueville > Achiet-le-Grand > Putte > Profondeville > Sachy.

L'ATLAS DU TOUR

3 LA CARTE GAGNANTE

Précisez sous chaque carte la date de l'édition du Tour de France concernée : 1903, 1926, 1992 ou 2020.

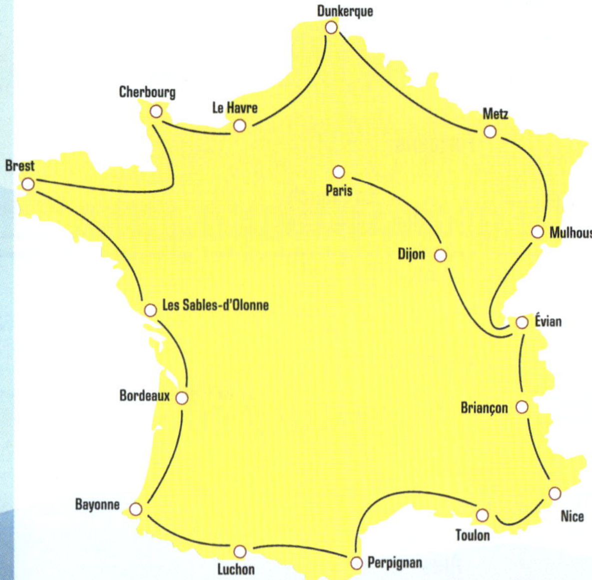

A. ______________________

B. ______________________

C. ______________________

D. ______________________

4 ÉTAPE PAR ÉTAPE

Entourez la bonne proposition dans chacun des énoncés suivants.

A. Avec **6**/**8** étapes, le premier Tour de France, en 1903, détient le record du plus petit nombre d'étapes.

B. En 1905, le nombre d'étapes passe la barre de la **dizaine**/**vingtaine**.

C. Le tracé le plus long de l'histoire du Tour mesurait **4 745**/**5 745** km.

D. L'étape entre Les Sables-d'Olonne et Bayonne est la plus longue de l'histoire du Tour : **408**/**482** km de distance.

E. L'édition 1987 détient le record du nombre d'étapes : **25**/**28** en plus du prologue.

F. L'étape la plus courte du Tour date de 1996 : **46**/**76** km au lieu de 189, à cause du froid et de la neige entre Val-d'Isère et Sestrières.

5 D'UN TOUR À L'AUTRE

Associez à chacune de ces premières dans l'histoire du tracé du Tour la date qui lui correspond : 1903, 1910, 1926, 1947,1954, 1975, 1994, 2004 ou bien 2013.

A. 1re étape en Corse :

____

B. 1er tracé du Tour de France :

____

C. 1er passage sous la Manche :

____

D. 1er passage dans les Pyrénées :

____

E. 1re arrivée sur les Champs-Élysées :

____

F. 1er départ de l'étranger (Amsterdam) :

____

G. 1er départ hors de Paris (Évian-les-Bains) :

____

H. 1re étape entièrement à l'étranger (Bruxelles-Luxembourg) :

____

I. 1re étape en Creuse (dernier département continental à accueillir le Tour) :

____

6 PHOTOS MYSTÈRES

Indiquez le nom de chacun de ces célèbres cyclistes français.

A. ____________________

B. ____________________

C. ____________________

D. ____________________

Question bonus :
Quel est le point commun entre eux ?

Indice : double victoire en bleu, blanc, rouge.

Étape 3

TOP DÉPART !

Chaque année, l'effervescence est à son comble lorsque s'élancent pour la première fois les participants de l'épopée du Tour de France. Les esprits sont encore frais et les jambes légères ! En route pour trois semaines de compétition acharnée !

1 LES GRANDES PREMIÈRES

Associez à chacune de ces premières dans l'histoire du tracé du Tour la date qui lui correspond : 1903, 1908, 1910, 1920, 1930, 1963, 1967, 1974 ou bien 2019.

A. 1er Tour de France : _____

B. 1er prologue : _____

C. 1re fin d'étape annulée : _____

D. 1re caravane du Tour : _____

E. 1re voiture-balai : _____

F. 1er double vainqueur du Tour : _____

G. 1er triple vainqueur du Tour : _____

H. 1er quadruple vainqueur du Tour : _____

I. 1er quintuple vainqueur : _____

2 VRAI OU FAUX ?

21, c'est le nombre d'étapes de chacune des éditions du Tour depuis 2011. Parmi ces affirmations comportant le nombre 21, déterminez lesquelles sont vraies, lesquelles sont fausses.

A. En 2022, il y avait 21 équipes de 8 coureurs.

Vrai Faux

B. La montée de l'Alpe d'Huez comporte 21 virages en lacet.

Vrai Faux

C. C'est le Français Honoré Barthélémy qui a remporté le Tour en 1921.

Vrai Faux

D. De 1903 à 2022, le départ du Tour a eu lieu à 21 reprises dans une ville étrangère.

Vrai Faux

E. La 21e édition du Tour de France a eu lieu en 1927.

Vrai Faux

F. Le plus jeune vainqueur de l'histoire du Tour avait 21 ans.

Vrai Faux

G. 21 coureurs ont remporté au moins 3 contre-la-montre individuels.

Vrai Faux

3 DEVINETTE À BICYCLETTE

L'édition 2020 du Tour de France devait initialement commencer le 29 juin, avant son report au 29 août à cause de la pandémie de Covid-19. Mais pourquoi le 29 juin et pas début juillet, comme les autres éditions du Tour ?

____

4 LE DÉTAIL MANQUANT

Que regarde l'homme en chemise blanche lors de ce départ d'étape du Tour 2021 ?

A. La carte du tracé du Tour 2021.

B. Un portrait d'Eddy Merckx.

C. Le nouveau logo du Tour de France.

5 QUAND LE TOUR PART DE L'ÉTRANGER

À plusieurs reprises, le Tour de France est parti d'une ville étrangère. En remettant les lettres dans l'ordre, retrouvez le nom de certaines d'entre elles. Les indices en illustration vous aideront à déterminer le pays dans lequel elles se trouvent.

A. **AONMOC**

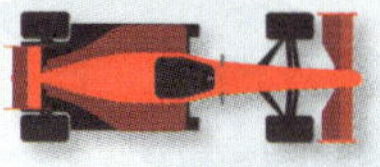

B. **EGENHOCAPU**

C. **LUNBID**

D. **ELBÂ**

E. **SEDEL**

F. **TRAFCNORF**

G. **DRAMOTRET**

H. **LOIRCHARE**

A. ______________________

B. ______________________

C. ______________________

D. ______________________

E. ______________________

F. ______________________

G. ______________________

H. ______________________

6 UN TOUR PAS COMME LES AUTRES

A. Parmi les différents pays d'où le Tour est parti, lequel est le seul à ne pas être relié à la France par voie terrestre ?

____

B. Quelle est sa capitale, qui a été ville départ du Tour ?

____

C. En quelle année était-ce ?

____

Indice : il y avait une sacrément belle ambiance en France cette année-là !

Étape 4

LES PROS DU PROLOGUE

Que vous jouiez seul(e) ou à plusieurs, participez au prologue du Tour, qui consiste en un contre-la-montre, en terminant le plus vite possible les jeux suivants.

1 LES CHAMPIONS DU TOUR

En moins de 30 secondes, citez le plus grand nombre de vainqueurs du Tour de France depuis 1975.

2 AU PIED DE LA LETTRE

Trouvez le plus rapidement possible les expressions issues du jargon cycliste évoquées par ces illustrations.

1. « Être en   ».

2. «  les  ».

3. «  ».

4. « Avoir la  +  ».

5. «  ».

6. « Être en  ».

7. «  le  ».

8. «  avec ses 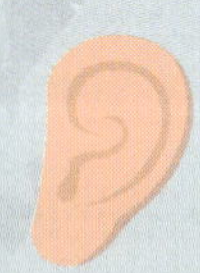 ».

9. «  la  ».

10. Le coup du  +  ».

3 LE TOP DES ÉQUIPES

En moins de 30 secondes, citez le plus grand nombre d'équipes ayant remporté le Tour de France depuis 1975.

4 LES MEILLEURS DES GRIMPEURS

En moins de 30 secondes, citez le plus grand nombre de vainqueurs du Grand Prix de la montagne depuis 1975.

5 LA BONNE DÉFINITION

Associez le plus rapidement possible à chacune de ces définitions le numéro de l'expression cycliste qui lui correspond, chaque expression étant illustrée dans le jeu n° 2 de la page 12.

Expressions	Définitions
______	a. Pédaler sans avoir les fesses posées sur la selle.
______	b. Être en pleine forme, rouler facilement.
______	c. Balancer la tête au rythme du pédalage.
______	d. Être considéré comme l'un des favoris de la course.
______	e. Se laisser tirer par la voiture de son directeur sportif en s'agrippant au bidon qu'il tend pour le ravitaillement.
______	f. Ne pas être en forme, rouler lentement.
______	g. Pédaler difficilement, assis et penché en avant, dans une côte raide.
______	h. Marquer de très près un adversaire.
______	i. Se soulager d'un besoin naturel.
______	j. Être entre deux groupes sans parvenir à rejoindre celui de devant.

6 TOUS POÈTES À BICYCLETTE !

Rédigez en moins de 5 minutes un quatrain en alexandrins (soit 4 vers de 12 syllabes) avec une rime en « -ler » (comme « pédaler ») » et une rime en « -cher » (comme « enfourcher »).

Étape 5

SUR LA ROUTE DU TOUR

Même si les coureurs du Tour ont la route pour eux tout seuls – ou presque car le public est le plus souvent nombreux ! –, mieux vaut pour leur sécurité bien connaître le code de la route.

1 ATTENTION DANGER !

Révisez votre code en associant chaque panneau à sa signification. Les voyelles ont disparu, à vous de compléter.

A. 
B. 
C. 
D. 

E. 
F. 
G. 

H. 

a. V_r_g_ d_ng_r_ _x _ g_ _ch_

b. R_l_nt_ss_ _r d_ t_p_ d_s d'_n_

c. D_b_ _ch_ s_r _n q_ _ _ _ _ _ _n_ b_rg_

d. S_cc_ss_ _n d_ v_r_g_s d_ng_r_ _x d_nt l_ pr_m_ _r _st _ g_ _ch_

e. P_ss_g_ d'_n_m_ _x s_ _v_g_s

f. R_sq_ _ d_ ch_t_s d_ p_ _rr_s

g. D_sc_nt_ d_ng_r_ _s_ (10 %)

h. C_ss_s _ _ d_s d'_n_

2 CECI N'EST PAS UN VRAI PANNEAU

Parmi ces cinq panneaux relatifs au cyclisme, un seul n'existe pas. Lequel ?

A. 
B. 
C. 

D. 

E. 

3 MÉMORISEZ, PRÊT, PARTEZ !

Regardez attentivement cette photo pendant 30 secondes, puis rendez-vous à l'étape 7 pour répondre à quelques questions.

4 LES 7 DIFFÉRENCES

Trouvez les 7 différences entre ces deux photographies.

5 DU RIFIFI DANS LES GRAFFITIS

Les inscriptions laissées par le public sur le bitume des routes du Tour font partie du folklore de la course. Certaines sont de véritables codes secrets ! À vous de décoder ceux-ci :

A. ! ENGAGRUELLIEMELEUQ

Indice : un petit coup d'œil dans le rétro ?

B. WJWF MF UPVS !

Indice : un petit pas en arrière peut faire bien avancer.

C. EN ZARÉDILLE SAP CAVE AL TRÉCUSIÉ

Indice : consigne à destination du public du Tour.

6 L'ALBUM SOUVENIR DU TOUR

On rencontre parfois d'étranges personnages sur le bord de la route du Tour. Saurez-vous retrouver leur nom ?

A. ____________ B. ____________ C. ____________

LA FRANCE ET LE TOUR (1/4)

LE TOUR DE LA FRANCE

PHOTOS MYSTÈRES GÉANT

Le Tour de France offre à chaque téléspectateur l'occasion de (re)découvrir les merveilles de notre beau pays. Pour chacune de ces photos, indiquez le nom de la ville ou du lieu représenté et le numéro correspondant à sa localisation sur la carte.

A. ______________________

N° sur la carte : ________

B. ______________________

N° sur la carte : ________

C. ______________________

N° sur la carte : ________

D. ______________________

N° sur la carte : ________

E. ______________________

N° sur la carte : ________

F. ______________________

N° sur la carte : ________

G. ______________________

N° sur la carte : ________

H. ______________________

N° sur la carte : ________

I. ______________________

N° sur la carte : ________

J. ______________________

N° sur la carte : ________

K. ______________________

N° sur la carte : ________

L. ______________________

N° sur la carte : ________

M. ______________________

N° sur la carte : ________

N. ______________________

N° sur la carte : ________

O. ______________________

N° sur la carte : ________

Étape 6

LES STARS DU TOUR

Le Tour de France, c'est aussi une compétition au cours de laquelle s'affrontent de grandes personnalités du cyclisme. Certains coureurs se sont particulièrement illustrés depuis la première édition de la course, en 1903.

1 EN TÊTE DU PELOTON

Quels coureurs se cachent derrière chacun de ces exploits ?

A. 1er vainqueur du Tour : ____________

B. 1er double vainqueur du Tour : ____________

C. 1er triple vainqueur du Tour : ____________

D. 1er quadruple et 1er quintuple vainqueur du Tour : ____________

E. 1er vainqueur des 5 Tours auxquels il a participé : ____________

F. 1er vainqueur de 5 Tours d'affilée : ____________

Question subsidiaire

Quel est le seul coureur à avoir remporté 4 victoires du Tour, et pas une de plus ?

____

2 DEVINETTE À BICYCLETTE

Quel est le point commun entre Fausto Coppi, Hugo Koblet, Jacques Anquetil, Felice Gimondi, Eddy Merckx, Bernard Hinault, Laurent Fignon et Tadej Pogačar, par rapport à leur première victoire sur le Tour ?

____

____

Question subsidiaire

Parmi eux, lesquels n'ont remporté le Tour qu'une seule fois ?

____

3 QUI SUIS-JE ?

Les portraits de trois coureurs qui ont marqué le Tour 2022 ont été un peu trop retouchés. Saurez-vous les identifier ?

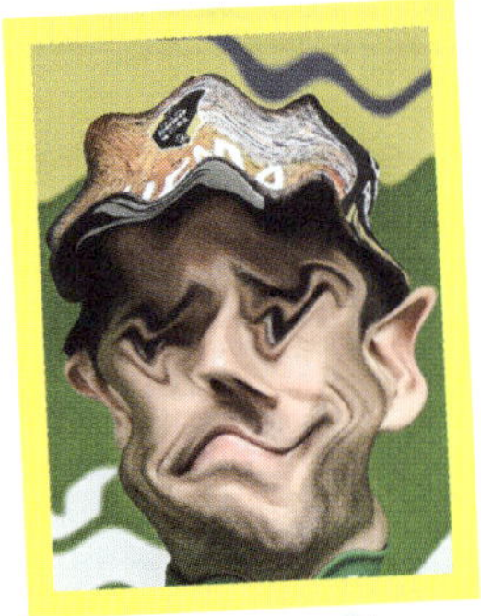

A. ____________

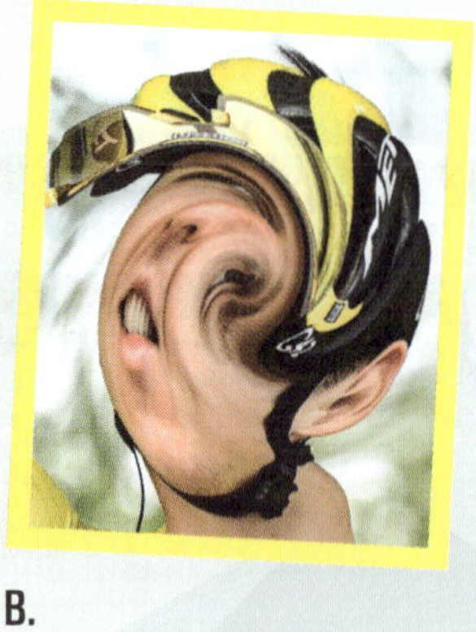

B. ____________

C. ____________

4 LE QCM DU TDF

A. Pourquoi Jean Robic était-il surnommé «tête de cuir»?

a. Parce qu'il se rasait la tête avant chaque course.

b. Parce qu'il a été le premier coureur du Tour à porter un casque de protection.

c. Parce qu'il n'écoutait jamais les conseils de son directeur sportif.

B. Pourquoi Andy Schleck était-il surnommé «Andy Torticolis»?

a. Parce qu'en 2010, il s'est fait un torticolis en enfilant son premier maillot jaune sur le podium.

b. Parce qu'il a couru 5 étapes du Tour 2006 avec une minerve.

c. Parce qu'il passait son temps à regarder où se trouvait son frère aîné Franz dans le peloton.

C. Pourquoi Charly Gaul était-il surnommé «Chéri Pipi» ?

a. Parce que, pudique, il prenait toujours le temps d'aller se cacher derrière un buisson pour ses pauses pipi.

b. Parce qu'il a été devancé sur le Tour d'Italie 1957 par Nencini et Bobet pendant une pause pipi.

c. Parce que sa femme s'était adressée à lui de cette manière au cours de sa première interview télévisée.

5 LA MÉNAGERIE DU TOUR

Associez à chaque coureur son surnom.

Alex Zülle ○	○ La Gazelle
Bernard Hinault ○	○ Le Basset
Federico Bahamontes ○	○ Le Grillon
Jean-Baptiste Dortignac ○	○ Le Blaireau
Laurent Jalabert ○	○ Le Chien fou
Paolo Bettini ○	○ Le Dromadaire
Phil Anderson ○	○ L'Aigle de Tolède
Philippe Thys ○	○ Le Kangourou
Tony Rominger ○	○ Le Panda

6 LES MOTS DES ROIS DU VÉLO

Complétez ces citations de grandes figures du cyclisme en utilisant les termes suivants (chaque terme sert une fois et une seule) : abandonne • accroche • belle-mère • col • course • efforts • exploit • maillot jaune • Merckx • naufrage • noyade • Poulidor • robots • terre • vivants.

A. «On n'__________ pas en bas d'un __________ !» Louison Bobet

B. «Cette __________... c'est une connerie !» Bernard Hinault (non pas à propos du Tour mais du Paris-Roubaix et de ses pavés...)

C. «Nous étions des __________. Parfois des moribonds, jamais des __________.» Laurent Fignon

D. «Si la vieillesse est un __________, la bicyclette est certainement l'un des plus sûrs moyens d'éviter la __________.» Raymond Poulidor

E. «J'__________ une remorque à mon vélo, j'y mets ma __________, et j'arrive encore premier en haut du col.» Jean Robic

F. «Quand je bats dix fois __________, les gens trouvent que c'est normal ; quand il me bat une seule fois, les gens applaudissent et la presse parle d'__________.» Jacques Anquetil

G. «Tous ces __________ pour quelques lignes de palmarès... J'aurais pu faire quelque chose de plus constructif, de plus important. Retourner la __________ comme mon père.» Miguel Indurain

H. «Quand j'ai vu le __________, que j'avais la veille bien disposé sur une chaise devant mon lit, je me suis dit : "Mais qu'est-ce que tu fais dans la chambre de __________ ?" Je n'y croyais pas.» Bernard Thévenet

Étape 7

AU CŒUR DU PELOTON

Le peloton du Tour, c'est un peu comme une grande famille avec ses règles de vie, ses routines bien huilées, ses joies, ses querelles et ses moments de vie parfois plus insolites...

1 LES MOTS DU PELOTON

Verticalement :

- A. Paradis des grimpeurs.
- B. Mieux vaut être dessus qu'à ses pieds.
- C. Le vainqueur le porte.
- D. Manière de pédaler sans être assis.
- E. Les coureurs en changent souvent.
- F. Derrière le dernier véhicule du Tour.
- G. Elle peut être belle.
- H. Couleur des meilleurs sprinteurs.

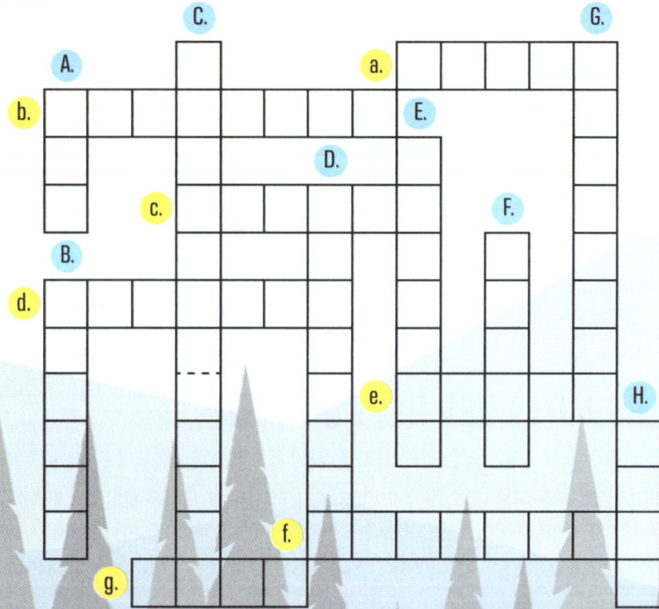

Horizontalement :

- a. Le meilleur porte un maillot blanc.
- b. Précède le peloton.
- c. En position de tête.
- d. Le gros de la troupe.
- e. Il y en a une vingtaine par Tour.
- f. Compagnon de formation.
- g. L'outil de travail des cyclistes professionnels.

2 L'ALBUM SOUVENIR DU TOUR

Cette photo a été prise en 2006 lors de l'étape Huy (en Belgique)–Saint-Quentin (dans l'Aisne). Répondez aux questions suivantes :

A. Qu'est-ce qui est en double sur cette photo et qui ne devrait pas l'être ? ____________

B. De qui le cycliste au bord de la route est-il le sosie ? ____________

C. Qui porte le maillot jaune dans le peloton ? ____________

Indice : c'est un Belge dont le nom a pour anagramme NEBONO.

D. Qui est le vainqueur du Tour cette année-là ? ____________

Indice : c'est un Espagnol qui a été déclaré vainqueur du Tour après le déclassement de Floyd Landis.

3 DES FIDÈLES DU PELOTON

Associez ces records aux coureurs qui les détiennent.
Attention : un même coureur peut détenir plusieurs records, et un même record peut être détenu par plusieurs coureurs !

A. Le plus grand nombre de participations au Tour de France.
B. Le plus grand nombre de Tours terminés (16).
C. 5 victoires sur ses 5 premiers Tours de France.
D. 2 victoires sur les 3 seuls Tours auxquels il a participé.
E. 16 participations, 16 Tours terminés.
F. Le vainqueur du Tour au plus grand nombre de participations (12).

- Sylvain Chavanel
- Fausto Coppi
- Miguel Indurain
- Eddy Merckx
- Joop Zoetemelk

4 LE CODE DU PELOTON

Entourez dans chaque phrase la proposition correspondant aux consignes censées s'appliquer dans le peloton selon un règlement tacite.

A. Quand le maillot jaune fait une pause-pipi, on peut en profiter pour... **faire de même**/**attaquer**.

B. À l'approche de l'arrivée d'une étape, pour remonter le peloton, on passe... **au milieu**/**sur les côtés**.

C. Le vrai patron du peloton, c'est... **le premier au classement général**/**celui qui a le plus d'autorité**.

D. Dans le peloton, on parle de moins en moins parce que... **on a de moins en moins de choses à se dire**/**on est filmé en permanence et que les directeurs sportifs ont déjà beaucoup de choses à dire via les oreillettes**.

5 LE DÉTAIL MANQUANT

Cette photo a été prise au cours de la 19e étape du tour de France 1985.
Répondez aux questions suivantes :

A. Quel est le nom du maillot jaune ?
a. Stephen Roche.
b. Greg LeMond.
c. Bernard Hinault.

B. Que tiennent dans leurs mains les trois cyclistes ?
a. Un sandwich.
b. Un journal.
c. La mascotte du Tour.

MÉMORISEZ, PRÊT, PARTEZ

Répondez à ces questions relatives au jeu n° 3 de l'étape 5. Entourez la bonne réponse.

A. Les coureurs cyclistes sont au nombre de 7.
Vrai Faux

B. Au premier plan, le groupe de spectateurs de gauche compte 6 personnes.
Vrai Faux

C. La personne qui porte un sac à dos jaune se trouve dans la partie droite de l'image.
Vrai Faux

D. La personne qui tient une banderole regarde vers la droite.
Vrai Faux

E. Il n'y a aucun bateau sur le lac.
Vrai Faux

F. Le temps est ensoleillé.
Vrai Faux

Étape 8

L'ÉTOFFE DES HÉROS

Les maillots des coureurs sont de véritables emblèmes du Tour. Éléments d'un langage fonctionnant selon un code de couleurs, ils permettent non seulement de savoir à quelle équipe appartient chaque cycliste, mais aussi qui sont les premiers dans les différents classements !

1 LE SENS DES COULEURS

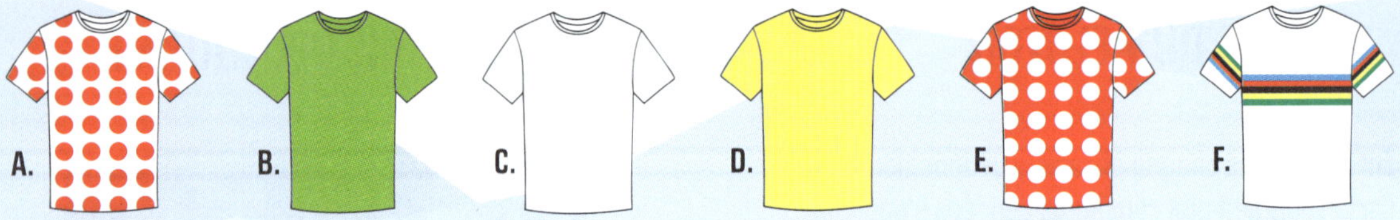

Parmi les maillots ci-dessus, indiquez lequel est porté pendant le Tour de France par :

1. Le premier au classement général : ....

2. Le meilleur grimpeur : ....

3. Le meilleur sprinteur : ....

4. Le meilleur jeune : ....

2 LE QCM DU TDF

A. De quelle couleur était le maillot vert du Tour 1968 ?

a. Vert, évidemment, quelle question bête !

b. Rouge, pour répondre à une exigence du sponsor.

c. Rouge, parce que le fabricant des maillots était daltonien.

B. Question maillot jaune, en quoi les Tours 1947 et 1968 se sont-ils démarqués ?

a. Le maillot jaune a changé d'épaules chaque jour, de la première à la dernière étape.

b. Le vainqueur du Tour a porté le maillot jaune de la première à la dernière étape.

c. Le vainqueur du Tour n'a porté le maillot jaune que sur le podium final.

C. Quels sont les premiers sponsors du maillot vert et du maillot à pois ?

a. Cetelem et Bonduelle.

b. Le PMU et la Croix-Rouge.

c. À la belle jardinière et Poulain.

3 DEVINETTE À BICYCLETTE

Cette photo a été prise en 1985.

A. Quel est ce coureur ?

....

B. Quel est ce maillot ?

....

4 C'EST LOGIQUE !

À partir des indices suivants et du tableau ci-contre, déterminez quels ont été les premiers porteurs des maillots spécifiques du Tour de France, et à quelle date.

1. Le Grand prix de la montagne du Tour de France a été créé en 1933 mais un maillot spécifique lui a été attribué des années plus tard.
2. Il y a un doute sur la date du premier maillot jaune, qui aurait pu être porté pour la première fois juste avant une guerre mondiale plutôt que juste après.
3. L'un des maillots portés pour la première fois en 1975 n'a rien coûté en teinture.
4. Le premier « meilleur jeune » du Tour était de nationalité italienne.
5. Le Suisse Fritz Schaer, premier à être récompensé par un maillot spécifique pour sa régularité, est né en 1926.
6. Le Parisien Eugène Christophe est mort en 1970.
7. Le premier meilleur grimpeur du Tour vient du « plat pays ».

		DATE			1er PORTEUR			
		1919	1953	1975	Fritz Schaer	Eugène Christophe	Francesco Moser	Lucien Van Impe
MAILLOT	Maillot blanc							
	Maillot jaune							
	Maillot vert							
	Maillot à pois							
1er PORTEUR	Fritz Schaer							
	Eugène Christophe							
	Francesco Moser							
	Lucien Van Impe							

RÉSULTATS

DATE	1ER PORTEUR	MAILLOT

5 PSYCHO-TEST : « QUEL MAILLOT EST FAIT POUR VOUS ? »

A. Sur quel type de voie vous sentez-vous le mieux ?

■ Une route des Landes.
◆ Une route de montagne.
● L'avenue des Champs-Élysées.

B. Parmi ces types de voiture, lequel préférez-vous ?

◆ Le 4×4.
■ Le roadster.
● La berline.

C. Lors d'un repas, vous fondez votre jugement avant tout sur...

● ... l'équilibre de l'ensemble.
■ ... la qualité du dessert.
◆ ... la montée en puissance, de l'entrée au dessert.

D. Sur vos photos de classe, vous étiez le plus souvent...

■ ... au premier plan, à tenir le panneau de la classe.
◆ ... au fond, installé(e) sur le banc le plus haut.
● ... au centre de la photo, au milieu du premier banc.

E. Comment réagissez-vous face aux corvées ?

◆ Vous les laissez s'accumuler puis vous vous attaquez à plusieurs en même temps.
■ Vous vous en libérez le plus vite possible, au fur et à mesure qu'elles se présentent à vous.
● Vous réglez d'abord les importantes et urgentes, planifiez les importantes non urgentes, déléguez les non-importantes et urgentes, laissez tomber les non-urgentes et non-importantes.

6 LE JEU DES 7 ERREURS

Trouvez les 7 différences entre ces deux photographies.

Étape 9
LE TOUR DU CADRAN

Les journées du Tour se suivent et ne se ressemblent pas… enfin du point de vue de la compétition et des émotions. Sinon, la chronologie des étapes est particulièrement précise, voire millimétrée !

1 POUR PRENDRE UN BON DÉPART

Il règne souvent une bonne ambiance avant le départ de l'étape du jour ! Cette photo a été prise en 2016. Répondez aux questions suivantes :

A. Qui porte le maillot jaune ?

………………………………………………

B. Qui sont ces femmes ?

………………………………………………

C. Ce jour-là, le village du Tour a reçu la visite d'un célèbre chanteur à lunettes, qui fêtait ses 72 ans. De qui s'agit-il ?

………………………………………………

D. Cette année-là, quel était le lieu de départ du Tour ?

………………………………………………

2 LES 7 DIFFÉRENCES

La vie d'un coureur du Tour n'est pas toujours de tout repos ! Trouvez les 7 différences entre ces deux photographies, l'originale ayant été prise lors de la 18e étape du Tour 2019, entre Embrun et Valloires.

3 LA MEILLEURE ÉTAPE DE LA FIN D'ÉTAPE

Rien de tel qu'un bon massage après une journée passée à pédaler !
Parmi ces muscles, entourez uniquement ceux qui se trouvent dans la jambe.

- Biceps fémoral
- Grand rond
- Long palmaire
- Trapèze
- Grand adducteur
- Gastrocnémien
- Tibial antérieur
- Triceps brachial

4 PHOTO MYSTÈRE

Heureusement, dans la vie d'un coureur du Tour, il y a aussi des moments de repos (voir aussi l'étape 12).
Cette photo a été prise le 10 juillet 2012…

A. Quel est ce coureur ?

B. Quelle est sa nationalité ?

C. Pour quelle équipe court-il ?

D. En quelle position a-t-il fini le Tour cette année-là ?

5 AU DODO !

Que fait un coureur du Tour qui a du mal à s'endormir :
il ne compte non pas les moutons mais… les roues de vélo !
Combien ce brave coureur en a-t-il à compter avant
de tomber dans les bras de Morphée ?

Étape 10

GOODIES ET SURPRISES

Assister au passage du Tour de France, c'est profiter d'un défilé très coloré. En dehors des ascensions, le passage du peloton est généralement furtif. Heureusement, la caravane publicitaire permet de prolonger ce moment de fête en ravissant petits et grands enfants !

Remarque : toutes les marques ici nommées sont déposées.

1 LE QCM DU TDF

Retrouvez les grandes dates de l'histoire de la caravane publicitaire du Tour.

A. Quand la caravane du Tour de France a-t-elle été créée ?

a. En 1903.

b. En 1930.

c. En 1947.

B. En quelle année la marque Bic, partenaire historique du Tour, a-t-elle fait son apparition dans la caravane avec un véhicule en forme de stylo ?

a. L'année du couronnement de la reine d'Angleterre Elizabeth II.

b. L'année où l'homme a marché pour la première fois sur la Lune.

c. L'année du festival de Woodstock.

C. Le lion du Crédit Lyonnais, mascotte du Tour, a fait son apparition l'année de l'élection d'un nouveau président de la République française. Lequel ?

a. Georges Pompidou.

b. Valéry Giscard d'Estaing.

c. François Mitterrand.

Question subsidiaire

La voiture-balai a été mise en place en 1910. Quelle était sa fonction première ?

a. Nettoyer la route après le passage du Tour.

b. Surveiller les retardataires pour éviter qu'ils trichent.

c. Récupérer les blessés et autres coureurs défaillants.

2 DES MARQUES ET DES SLOGANS

Retrouvez les noms de marques partenaires du Tour de France 2021 à partir de leur slogan (attention, il ne s'agit pas nécessairement du slogan le plus récent).

A. *Buvez, éliminez.*

____

B. *C'est bon d'être gaulois.*

____

C. *Chaque jour est une chance.*

____

D. *Défendre tout ce qui compte pour vous.*

____

E. *Demandez-en plus à votre argent*

____

F. *L'électricité en réseau.*

____

G. *Rire est notre idée fixe.*

____

H. *Vivre, ensemble.*

____

3 JEU DES 7 ERREURS

Trouvez les 7 différences entre ces deux photos, l'originale ayant été prise à l'occasion du Tour 2022.

4 L'ENTRE-DEUX

Savez-vous comment l'on désigne la partie du cortège du Tour de France située entre la fin de la caravane et le début du peloton, là où se trouvent les voitures des invités et des journalistes qui précèdent la course ? Pour le savoir, remplacez chaque nombre par la lettre qui a ce rang dans l'alphabet :

12-5 22-5-14-20-18-5 13-15-21

______ ______ ______

5 L'ALBUM SOUVENIR DU TOUR

Parmi les marques citées dans le jeu n° 2, trouvez à laquelle correspond chacune de ces attractions de la caravane 2021.

A. ______

B. ______

C. ______

D. ______

LA FRANCE ET LE TOUR (2/4)
LE RÉGIONAL DE L'ÉTAPE

TROMBINOSCOPE GÉANT

Chaque région de France peut s'enorgueillir d'avoir son ou ses champions. Et quand « le régional de l'étape » passe sur ses terres d'origine, c'est toute une contrée qui le soutient ! Retrouvez le nom de chacun de ces coureurs, et profitez-en pour réviser vos connaissances en géographie en notant entre les parenthèses le nom ou numéro de leur département de naissance.

Pays de la Loire

A. ____________________

Né à Plessé (Loire-Atlantique, ___) en 1882. Mort en 1917.

Bretagne

B. ____________________

Né à Saint-Méen-le-Grand (____________________, 35) en 1925. Mort en 1983.

Bretagne

C. ____________________

Né à Yffiniac, (____________________, 22) en 1954.

Normandie

D. ____________________

Né à Mont-Saint-Aignan (Seine-Maritime, ___) en 1934. Mort en 1987.

Centre-Val de Loire

E. ____________________

Né à Saint-Amand-Montrond (____________________, 18) en 1992.

Île-de-France

F. ____________________

Né à Paris, en 1887. Mort en 1917.

Île-de-France

G. ____________________

Né à Paris, en 1960. Mort en 2010.

Hauts-de-France

H. ____________________

Né à Roubaix (Nord, ___) en 1888. Mort en 1943.

Hauts-de-France

I. ______________________

Né à Amiens
(________________, 80)
en 1911. Mort en 2021.

Grand-Est

J. ______________________

Né à Condé-les-Vouziers
(Ardennes, __)
en 1921. Mort en 1980.

Grand-Est

K. ______________________

Né à Shiltigheim
(________________, 67)
en 1979.

Bourgogne-Franche-Comté

L. ______________________

Né à Saint-Julien-de-Civry
(Saône-et-Loire, __)
en 1948.

Bourgogne-Franche-Comté

M. ______________________

Né à Lure
(________________, 70)
en 1990.

Auvergne-Rhône-Alpes

N. ______________________

Né à Ytrac
(Cantal, __)
en 1904. Mort en 1983.

Auvergne-Rhône-Alpes

O. ______________________

Né à Brioude
(________________, 43)
en 1990.

Auvergne-Rhône-Alpes

P. ______________________

Né à Romans-sur-Isère
(Drôme, __)
en 1993.

Nouvelle-Aquitaine

Q. ______________________

Né à Masbaraud-Mérignat
(________________, 23)
en 1936. Mort en 2019.

Occitanie

R. ______________________

Né à Mazamet
(Tarn, __)
en 1968.

PACA

S. ______________________

Né à Hyères
(________________, 83)
en 1941.

Question bonus :
Parmi tous ces cyclistes, lequel n'a participé, sur le Tour de France, qu'à une seule étape, et sur 20 km seulement ?

____

Étape 11

LES MÉSAVENTURES DU TOUR

Le Tour nous permet de vivre une riche gamme d'émotions. Si les moments d'exaltation et le suspense de la victoire d'étape prédominent, il arrive toutefois que des événements plus contrariants pour les coureurs, voire dramatiques, fassent l'actualité.

1 LE QCM DU TDF

A. Qu'est-ce qu'une étape dite « accidentée » ?

- a. Une étape au cours de laquelle il y a beaucoup de chutes.
- b. Une étape de montagne où les coureurs ne font que les descentes.
- c. Une étape avec plus de relief qu'une étape de plaine, mais moins qu'une étape de montagne.

B. En 1913, quelle tâche Eugène Christophe a-t-il été contraint de faire seul car le règlement de l'époque ne l'autorisait pas à recevoir de l'aide ?

- a. Recoudre son cuissard qui s'était déchiré lors d'une chute.
- b. Réparer la fourche de son vélo chez un forgeron.
- c. Déblayer la route sur laquelle il y avait eu un éboulement.

C. En 1964, quelle est la nature de l'incident qui a impliqué l'Espagnol Manzaneque et l'Italien Taccone ?

- a. Ils ont été touchés par la foudre.
- b. Ils en sont venus aux mains après une dispute.
- c. Ils sont tombés dans un lac après une chute collective.

D. En 1971, quel coureur, porteur du maillot jaune et grand favori, a dû abandonner après avoir chuté brutalement lors de la descente du col de Menté, dans les Pyrénées ?

- a. Jacques Anquetil.
- b. Eddy Merckx.
- c. Luis Ocaña.

E. En 2018, quel coureur, alors favori du Tour, a été plaqué au sol par un gendarme qui l'avait confondu avec un cyclotouriste ?

- a. Egan Bernal.
- b. Geraint Thomas.
- c. Christopher Froome.

F. Depuis quelle année le port du casque est-il obligatoire sur le Tour ?

- a. 1993.
- b. 2003.
- c. 2013.

2 PHOTO MYSTÈRE

En l'hommage de quel coureur cette stèle a-t-elle été érigée dans la montée du col de Portet-d'Aspet, en Haute-Garonne ?

3 L'ALBUM SOUVENIR DU TOUR

Ces photos ont été prises le 3 juillet 1994. Quel est le nom de ce coureur ?

Indices : première étape, Mazamet.

____

4 LE BON CHOIX

Ces 2 photos ont été prises en 2019, lors de la 19e étape.

A. Quelles étaient les villes-étapes de cette étape :

- a. Mulhouse – La Planche des Belles Filles.
- b. Saint-Jean-de-Maurienne – Tignes ?

B. Où a eu lieu cette tempête de grêle ?

- a. Dans l'ascension du col de la Madeleine (1 746 m).
- b. Dans la descente du col de l'Iseran (2 770 m).

C. Que s'est-il passé suite à ces intempéries ?

- a. La course a été neutralisée pendant 1 h 30.
- b. La dernière partie de l'étape a été annulée.

5 DEVINETTE À BICYCLETTE

Quelle édition du Tour de France a failli ne jamais avoir lieu, les 4 premiers coureurs de l'édition précédente ayant été disqualifiés pour triche ?

Indice : cette année-là, une loi à l'initiative du député Aristide Briand et dont le premier article commence par « La République assure la liberté de conscience » a été promulguée.

Étape 12

UN REPOS BIEN MÉRITÉ

Les trois semaines que dure le Tour sont particulièrement denses pour tous ceux qui y participent. C'est pourquoi les journées de repos sont bien méritées et procurent un répit appréciable. Entre deux périodes d'intenses efforts, vive le réconfort !

1 LE QCM DU TDF

A. De manière générale, qu'est-ce qui précède une journée de repos pendant le Tour de France ?

a. Un contre-la-montre.

b. De grosses étapes de montagne.

c. L'arrivée sur les Champs-Élysées.

B. En 1964, à l'occasion d'une journée de repos en Andorre, plutôt que de se rendre à un entraînement, Jacques Anquetil, alors 2e au classement général, s'est rendu…

a. … à un méchoui.

b. … à un bal musette.

c. … à une séance de cinéma.

C. De nos jours, que conseille-t-on aux cyclistes pendant leur journée de repos, pour rester au top de leur forme ?

a. De marcher.

b. De faire la sieste.

c. De rester assis la majeure partie du temps.

2 LE MANDALA DU CYCLISTE

3 MÉDITONS CES (SAGES ?) PAROLES

Parmi ces citations, 3 sont de l'humoriste Pierre Dac, 1 de Coluche et 1 du champion Bernard Hinault. Complétez-les en entourant la bonne réponse et trouvez qui est l'auteur de chacune.

A. « Cyclistes, fortifiez vos jambes en mangeant des œufs…

a. … d'autruche. »

b. … mollets. »

Auteur : ____________________

B. « Sans l'invention de la roue, les coureurs du Tour de France seraient condamnés à…

a. … porter leur bicyclette sur le dos. »

b. … se déplacer à cheval. »

Auteur : ____________________

C. « On reconnaît un cycliste au volant au fait qu'il … quand sa voiture prend un virage. »

a. « … se penche… »

b. « … tourne le volant… »

Auteur : ____________________

D. « Il est idiot de monter une côte à bicyclette, quand il suffirait de … pour la descendre. »

a. « … reculer… »

b. « … se retourner… »

Auteur : ____________________

E. « Plus on … moins fort, moins on avance plus vite. »

a. « … recule… »

b. « … pédale… »

Auteur : ____________________

Le coloriage est un excellent antistress. Détendez-vous en complétant ce mandala spécial « Tour de France ». Et si vous n'avez pas de crayons de couleur, rien ne vous empêche de jouer sur les nuances de gris ou d'utiliser des motifs !

4 LE SUDOKU DU TOUR

Cette grille fonctionne sur le même principe que le sudoku : chaque symbole ne doit se trouver qu'une seule fois par ligne, par colonne et par carré de 9 cases.

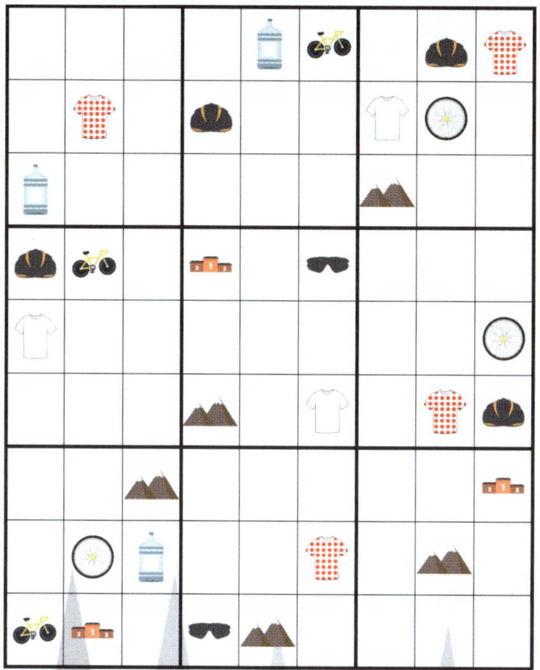

5 LES DINGBATS DU TOUR

Retrouvez quelques termes ou expressions liés au Tour de France en déchiffrant ces dingbats.

A. être PELOTON

B. PÉDALE
EN GARDER

C.  VS COURSE

D. 

E. METTRE

6 UNE CHANSON POUR LA ROUTE

Révisez vos classiques en complétant les extraits de ces chansons relatives au cyclisme et en indiquant le nom de leur interprète. Voici la liste par ordre alphabétique des mots qui manquent : copains • coup • épaules • fille • gambettes • grimaçant • matin • mini • minois • oies • Paulette • peloton • soudain • soulage • tomber • veille.

A. «Quand on partait de bon ________,
Quand on partait sur les chemins
À bicyclette...
Nous étions quelques bons ________,
Y avait Fernand y avait Firmin,
Y avait Francis et Sébastien,
Et puis ________...»

Chanson «La Bicyclette» interprétée par ____________________
(1968, paroles de Pierre Barouh).

B. «Il fait rien qu'à l'énerver
Ce vélo qui fait que de ________
C'est quand même très énervant
Ces vélos qui tombent tout le temps
Un ________ de pied dans le porte-bagages !
Ça change rien mais ça ________»

Chanson «Vélo» interprétée par ____________________
(2001, paroles de Bruno Nicolini)

C. «Je m'en allais chercher des ________
Du côté de Fouilly-les-oies,
À bicyclette.
________ qui vois-je devant moi ?
Un'belle fille au frais ________
À Bicyclette.»

Chanson «À bicyclette» interprétée par ____________________
(1947, paroles de René Laquier).

D. «Qu'y a-t-il de plus joli
Qu'une ________ à bicyclette
Dans une jupe ________
Qui nous montre ses ________ ?»

Chanson «Une fille à bicyclette» interprétée par ____________________
et Vincent Delerm (2008, paroles de Georges Moustaki)

E. «La chute de la ________
Me brûle des ________ aux orteils
J'ai glissé tout seul sur des bandes blanches à Marseille
Je ne suis qu'un pansement pédalant
Derrière les autres et ________
Loin du ________ loin au classement»

Chanson «10 jours avant Paris», interprétée par ____________________
(2006, paroles de San Severino)

Étape 13
À L'ASSAUT DES COLS

Que serait le Tour de France sans ses mythiques étapes de montagne ? Les fameuses ascensions « hors catégorie » sont entrées dans la légende grâce aux nombreuses péripéties qu'elles nous offrent en spectacle et aux champions qu'elles nous révèlent.

1 SYLLABES EN VRAC

Retrouvez le nom de 10 cols mythiques du Tour en utilisant les syllabes ou groupes de syllabes suivants, et indiquez pour chacun s'il se trouve dans les Alpes (A) ou dans les Pyrénées (P). Chaque syllabe n'est utilisée qu'une seule fois.

ARD	DE	IZO	PET	RET
AU	DES	LAU	PEY	SOU
BIER	FER	LET	POR	TA
BIS	GA	LI	QUE	TET
CROIX	GU	LOR	RA	TOUR
D'AS	ISE	MA	RAN	

1. .... (A/P)
2. .... (A/P)
3. .... (A/P)
4. .... (A/P)
5. .... (A/P)
6. .... (A/P)
7. .... (A/P)
8. .... (A/P)
9. .... (A/P)
10. .... (A/P)

2 QUI SUIS-JE ?

De quels fameux sommets hors catégorie s'agit-il ? Entourez la bonne réponse.

Attention, ces données concernent les éditions du Tour depuis 1947.

A. Je suis le col le plus fréquemment emprunté par les coureurs du Tour de France : suis-je **le col d'Aubisque** ou **le col du Tourmalet** ?

B. Je suis le col alpestre le plus fréquemment emprunté par les coureurs du Tour de France : suis-je le **col du Galibier** ou **l'Alpe d'Huez** ?

C. Je suis le point de passage le plus haut du Tour de France : suis-je **la cime de la Bonette** ou **le col de l'Iseran** ?

D. Je suis le plus haut point de passage du Tour de France dans le Jura : suis-je **le col du Grand Colombier** ou **le mont du Chat** ?

E. Je suis le col le plus souvent classé hors catégorie (depuis 1979) : suis-je **l'Alpe d'Huez** ou le **col du Tourmalet** ?

3 DES PRIMES SPÉCIALES

Des primes spéciales

Savez-vous ce que récompensent les prix suivants ? Associez à chacun la bonne réponse.

A. Le Grand Prix de la montagne	a. Le premier coureur à franchir le col du Galibier.
B. Le souvenir Henri-Desgrange	b. Le premier coureur à franchir le col du Tourmalet.
C. Le souvenir Jacques-Goddet	c. Le coureur leader du classement du meilleur grimpeur.

4 PORTRAITS DE SOMMETS

Identifiez ces célèbres sites de montagne où passe régulièrement le Tour de France.

A. ____________________

B. ____________________

C. ____________________

D. ____________________

5 DUEL AU SOMMET

Cette photo a été prise lors de la 16e étape du Tour 1966.

A. Qui sont ces deux coureurs ?

____

B. Lequel des deux remporta une victoire d'étape cette année-là ?

____

C. Sur la route de quel col alpin mythique se trouvent-ils ?

____

D. Quelle est leur place au classement final de ce Tour ?

____

6 MOTS CACHÉS

Retrouvez le nom de célèbres porteurs du maillot à pois. Les noms peuvent se lire de gauche à droite, de droite à gauche, de haut en bas, de bas en haut ou en diagonale. Une lettre peut servir plusieurs fois.

Les lettres restantes forment le nom et l'initiale du prénom d'un autre détenteur de ce maillot.

- Chiappucci
- Gaul
- Jimenez
- Herrera
- Rominger
- Massignan
- Bartali
- Virenque
- Jalabert
- Bahamontes
- Coppi
- Van Impe
- Majka

I	C	C	U	P	P	A	I	H	C
M	P	A	Z	R	I	M	V	P	J
A	A	H	E	O	L	A	I	I	A
J	R	C	N	M	N	S	R	L	L
K	E	O	E	I	A	S	E	A	A
A	R	P	M	N	G	I	N	T	B
L	R	P	I	G	A	G	Q	R	E
I	E	I	J	E	U	N	U	A	R
J	H	P	E	R	L	A	E	B	T
B	A	H	A	M	O	N	T	E	S

Maillot à pois mystère : ____________

Étape 14

VEDETTES ET BICYCLETTES

D'autres célébrités que les stars du peloton font parfois l'actualité de la Grande Boucle. Qu'il s'agisse de coureurs cyclistes à la retraite, de personnalités du monde politique, culturel ou people, tous apprécient tout autant que les millions d'anonymes de vivre pleinement quelques instants de la grande fête du Tour.

1 ANAGRAMMES

Depuis 2003, le tour de France soutient l'association Mécénat Chirurgie cardiaque. Retrouvez les prénoms et noms de célébrités faisant partie de l'équipe qui a participé à un événement lors de la 13e étape de l'édition 2022.

A. LUPA DLOMOBEN (comédien) : ____________________

B. AVAMË HUECOC (Miss France 2018) : ____________________

C. UDALEC RITOSAD (ex-candidat de Koh-Lanta) : ____________________

D. EGROR YEGALE (cycliste) : ____________________

E. NAIROD TEVOUL (ex-candidat de Koh-Lanta) : ____________________

F. TRALUNE TRIMESTA (ex-candidat de Koh-Lanta) : ____________________

G. YTASA TELETOLB (mannequin) : ____________________

H. DRACHIR QUIVRENE (cycliste) : ____________________

2 PHOTOS MYSTÈRES

De nombreuses célébrités sont venues assister à une étape du Tour. Saurez-vous identifier celles qui sont sur ces photos à partir des indices fournis ?

D'abord des femmes

Photo prise en 1933.
« J'ai deux amours… »

A. ____________________

Photo prise en 1977.
« Je suis Frida Oum Papa. »

B. ____________________

Photo prise en 1960.
« La madone des dancings. »

C. ____________________

Ensuite des hommes

Photo prise en 1957.
« Dormez-vous ? Dormez-vous ? »

D. ____________________

Photo prise en 1979.
« Monsieur Milan, dans *L'Emmerdeur*, avec Jacques Brel. »

E. ____________________

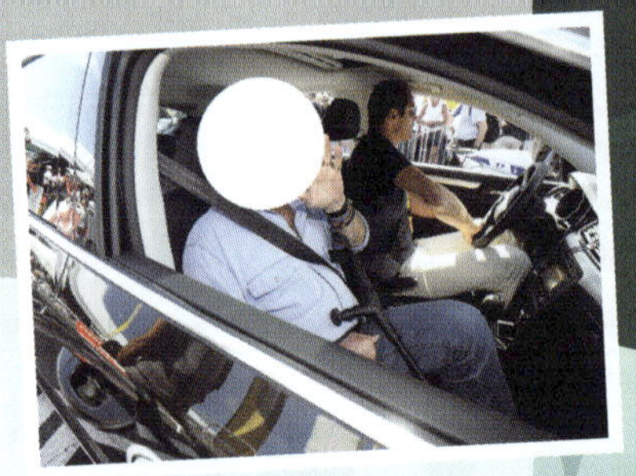

Photo prise en 2013.
« Le Magnifique. »

F. ____________________

3 LE QCM DU TDF

Répondez à ces questions relatives à des hommes politiques qui se sont rendus sur le Tour.

A. Quel est le premier président de la République française à avoir assisté au Tour de France ?

a. Vincent Auriol.
b. Le général de Gaulle.
c. Georges Pompidou.

B. Lequel a été le premier à remettre le maillot jaune sur les Champs-Élysées ?

a. Georges Pompidou.
b. Valéry Giscard d'Estaing.
c. Jacques Chirac.

C. Lequel a été le premier à monter dans la voiture du directeur du Tour pour suivre une étape ?

a. Nicolas Sarkozy.
b. François Hollande.
c. Emmanuel Macron.

D. Quel homme politique a annoncé en 2016 à Christian Prudhomme, directeur du Tour : « Moi aussi, je vais faire mon échappée » ?

a. Arnaud Montebourg.
b. Emmanuel Macron.
c. François Fillon.

4 L'ALBUM SOUVENIR DU TOUR

Répondez aux questions suivantes :

A. Quel est le nom du coureur sur le podium ?

____

B. Quelle est sa nationalité ?

____

C. Quel est le nom des deux acteurs célèbres qui l'entourent ?

____

D. Quelle est leur nationalité ?

____

E. Dans quel film sorti cette année-là jouaient-ils ensemble ?

____

Indice : cette photo a été prise en 2016.

5 PHOTO MYSTÈRE

Répondez aux questions suivantes.

A. Qui sont les quatre hommes du premier rang, de gauche à droite ?

____

B. À quelle occasion sont-ils réunis ?

____

C. Qui est le coureur qui porte un maillot jaune ?

____

D. En quelle année cette photo a-t-elle été prise ?

____

Étape 15

ÉCHAPPÉES BELLES

Ce n'est pas tout de suivre le rythme du peloton... Pour briller dans le Tour, il faut aussi savoir imposer son rythme, voire laisser tout le monde — ou presque — en plan à l'occasion d'une échappée. Certaines, spectaculaires, sont restées dans les mémoires.

1 CHAMPIONS SOLITAIRES

Complétez le tableau logique ci-dessous à l'aide des énoncés suivants pour associer à chaque coureur la date de son exploit et la longueur de son échappée record.

a. L'Espagnol est né en 1936.

b. La plus longue échappée solitaire est aussi la plus ancienne.

c. La deuxième plus longue échappée date d'une édition du Tour remportée par Miguel Indurain.

d. Albert Bourlon a été fait prisonnier pendant la Seconde Guerre mondiale.

		LONGUEUR			DATE		
		223 km	234 km	253 km	1947	1965	1991
COUREUR	Thierry Marie						
	Albert Bourlon						
	José Pérez-Francès						
DATE	1947						
	1965						
	1991						

ÉCHAPPÉES	DATE	COUREUR	LONGUEUR

2 QUELLES ÉTAPES !

Remettez dans l'ordre les syllabes pour retrouver les 3 étapes (ville de départ et ville d'arrivée) au cours desquelles ont eu lieu les 3 plus longues échappées de l'histoire du Tour, présentées dans le précédent jeu.

A. SON-LU-CAR-NE-CHON-CAS

....

B. RAS-VRE-AR-HA-LE

....

C. CE-THER-BAR-AX-MES-NE-LES-LO

....

3 LE VOCABULAIRE DE L'ÉCHAPPÉE

Parmi ces expressions propres au cyclisme, entourez les 4 qui relèvent plus particulièrement d'une échappée :

pédaler carré — prendre le bon wagon — faire du bec de selle — chasser la canette — avoir un bon de sortie — faire le trou — être dans la bonne — tricoter — passer par la fenêtre

4 L'ALBUM SOUVENIR DU TOUR

Ces photos illustrent des échappées marquantes de l'histoire du Tour. Identifiez chaque coureur en question en exploitant les indices.

1951.
Longueur de l'échappée : 135 km (Brive-Agen).
A. ____________________

1969.
Longueur de l'échappée : 140 km (Luchon-Mourenx).
B. ____________________

1977.
Longueur de l'échappée : 222 km (Besançon-Thonon-les-Bains).
C. ____________________

1994.
Longueur de l'échappée : 152 km (Bergerac – Cahors).
D. ____________________

1997.
Longueur de l'échappée : 147 km (Chantonnay-La Châtre).
E. ____________________

2002.
Longueur de l'échappée : 9 km (Lodève-mont Ventoux).
F. ____________________

5 LA DURÉE MYSTÈRE

22 MINUTES ET 50 SECONDES

A. À quoi correspond cette durée, qui constitue un record dans l'histoire du Tour ? ____________________

B. Quel(s) coureur(s) concerne-t-elle ? ____________________

C. De quelle année date ce record ? ____________________

LA FRANCE ET LE TOUR (3/4)

AUTOUR DU TOUR

QCM GÉANT

Le Tour, ce sont aussi plein d'anecdotes ! Répondez à ces 15 questions à choix multiples pour savoir si, question Tour, vous en connaissez un rayon ! Les photos peuvent vous servir d'indice...

1. Marie Marvingt a inscrit son nom dans l'histoire du Tour de France en tant que...

- a. Unique directrice du Tour.
- b. Première hôtesse sur le Tour.
- c. Seule femme à avoir participé au Tour masculin.

2. En quoi le cycliste algérien Abdelkader Zaaf a-t-il marqué le Tour 1950 ?

- a. Il a fait la course en monocycle.
- b. Il a pris une « cuite » pendant une étape.
- c. Il est arrivé dernier à toutes les étapes.

3. Quel champion a mené lors du Tour 1951 une formidable échappée, probablement grâce à la pommade à la cocaïne qu'il avait utilisée pour soigner une crise d'hémorroïdes ?

- a. Hugo Koblet.
- b. Fausto Coppi.
- c. Louison Bobet.

4. Que contenait le bidon récupéré par Jean Robic au sommet du Tourmalet lors du Tour 1953 ?

- a. 1,5 litre d'eau bénite.
- b. 2 litres de café très serré.
- c. 9 kilos de plomb.

5. Roger Hassendorfer était populaire dans les années 1950 parce que...

- a. C'était le « bouffon » du peloton.
- b. C'est le premier coureur à s'épiler les jambes.
- c. Il arrivait toujours dernier mais n'a jamais abandonné.

6. En 1964, pendant une journée de repos en Andorre, par quoi Jacques Anquetil, alors 2e au classement, a-t-il remplacé sa séance d'entraînement ?

- a. Par une séance de shopping.
- b. Par une séance de cinéma.
- c. Par un méchoui.

7. En 1964, quel événement dramatique a eu lieu sur la route du Tour le 11 juillet, lors de l'étape Bordeaux-Brive, au lieu-dit « Port-de-Couze » ?

- a. Une crue soudaine.
- b. L'effondrement d'un pont.
- c. Un accident de la circulation.

8. Quel coureur, en position de favori pendant le Tour 1975, a reçu un coup de poing dans le ventre de la part d'un spectateur qui soutenait un concurrent ?

a. Eddy Merckx.

b. Lucien Van Impe.

c. Bernard Thévenet.

9. Quel événement a eu lieu le 12 juillet 1978 pendant l'étape Tarbes-Valence d'Agen ?

a. La caravane s'est embourbée.

b. Les coureurs ont fait la grève.

c. La voiture-balai est tombée dans un ravin.

10. Pour quelle raison le dossard numéro 51 est-il apprécié par les coureurs du Tour ?

a. Entre 1969 et 1978, 4 vainqueurs du Tour portaient ce numéro.

b. Avant la loi Évin (1991), celui qui le portait avait le droit à un apéritif gratuit après chaque étape.

c. Chacun des vainqueurs du Tour l'a porté au moins une fois dans sa carrière.

11. En 1997, le peloton a été accueilli en haut du col du Tourmalet par le musicien François-René Duchâble. De quel instrument ce dernier était-il en train de jouer ?

a. De la trompette.

b. Du piano à queue.

c. De la guitare électrique.

12. En 2003, l'Espagnol Carlos Sastre a remporté l'étape Toulouse-Plateau de Bonascre. Que tenait-il dans sa bouche en franchissant la ligne d'arrivée ?

a. Un bouchon de bidon.

b. Une tétine de bébé.

c. Un harmonica.

13. Pourquoi, lors du Tour 2010, le Suisse Fabian Cancellara portait-il son dossard à l'envers ?

a. Parce qu'il était superstitieux.

b. Pour ne pas être identifié lors d'une échappée.

c. Pour que le leader de son équipe le reconnaisse parmi ses coéquipiers.

14. Lors de la 1re étape du Tour 2013, que s'est-il passé sur la ligne d'arrivée, à peine quelques minutes avant le sprint final ?

a. Les éléments marquant la ligne d'arrivée se sont effondrés.

b. Un bus est resté bloqué, pile sur la ligne d'arrivée.

c. Un véhicule de la caravane publicitaire a malencontreusement déversé sur la chaussée des milliers de goodies.

15. La 19e étape du Tour 2022, entre Castelnau-Magnoac (Hautes-Pyrénées) et Cahors (Lot), a été interrompue temporairement. Pourquoi ?

a. À cause de la chute d'un drone juste devant le peloton.

b. À cause d'unn blocage de la route par des manifestants écologistes.

c. À cause de la traversée d'une horde de sangliers.

Étape 16

À TOUTE BERZINGUE !

À moins d'une échappée solitaire sensationnelle, la plupart des étapes du Tour se terminent au sprint, y compris après une ascension hors catégorie. La victoire d'étape se dispute alors à fond les guidons !

1 CHACUN SA VITESSE

Associez à chacun de ces champions de sprint sa vitesse en kilomètres par heure, parmi les suivantes : 40 km/h - 44 km/h - 60 km/h - 70 km/h - 102 km/h - 115 km/h

A. Un cheval (vitesse de pointe) : ________

B. Un coureur du Tour de France en descente (vitesse de pointe) : ________

C. Un guépard (vitesse de pointe) : ________

D. Un lièvre (vitesse de pointe) : ________

E. Usain Bolt (aux 100 mètres) : ________

F. Un vainqueur du Tour de France (vitesse moyenne) : ________

2 L'ALBUM SOUVENIR DU TOUR

Trouvez l'arrivée d'étape qu'illustre chacune de ces photos.

A. 1978, Valence d'Agen : ________

B. 1986, l'Alpe d'Huez : ________

C. 2003, plateau de Bonascre : ________

D. 1994, Armentières : ________

a.

b.

c.

d.

3 MOTS CACHÉS

Retrouvez dans cette grille des mots relatifs à la vitesse. Les noms peuvent se lire de gauche à droite, de droite à gauche, de haut en bas et de bas en haut. Une lettre peut servir plusieurs fois.

Les lettres restantes forment le nom d'un célèbre sprinteur du Tour.

- À fond
- Allure
- (À toute) berzingue
- Célérité
- Dare (-) dare
- Fissa
- Hâte
- Rapidement
- Rapidité
- Ruée
- Rush
- Sprint
- Vélocité
- Vite (× 2)
- Vitesse
- Vivement

T	N	E	M	E	D	I	P	A	R
H	S	U	R	T	D	N	O	F	A
T	A	G	F	I	S	S	A	D	P
N	G	N	E	R	U	L	L	A	I
E	V	I	T	E	S	S	E	R	D
M	H	Z	E	L	R	P	V	E	I
E	A	R	T	E	U	R	I	D	T
V	T	E	I	C	E	I	T	A	E
I	E	B	V	A	E	N	E	R	S
V	E	L	O	C	I	T	E	E	N

Sprinteur mystère : ____________

4 ANAGRAMMES

Retrouvez le nom de chacun des détenteurs de ces records en remettant dans l'ordre les lettres de leur prénom et de leur nom.

A. Le record du nombre de victoires finales au classement par points :
GASPAR NETE et KARL BIEEZ.

Quel est ce record : 7, 8 ou 10 victoires ?

____

B. Le record du nombre de victoires en contre-la-montre individuel : RENAUD BRHIANLT.

Quel est ce record : 9, 19 ou 29 victoires ?

____

C. Le record de vitesse moyenne sur un Tour : JASON RADEGNIVAG.

Quel est ce record : 40,996 km/h ou bien 42,026 km/h ?

____

5 SIX, PAS PLUS PAS MOINS !

Coloriez le plus vite possible les cases dont l'opération a pour résultat 6.
Vous découvrirez les initiales du seul coureur à avoir remporté le classement à points du Tour de France 6 fois (et pas une de plus !).

2x2	2+13	4x5	20-10	9+10	3+11	16-5	1+12	4+9
3+15	7x3	2x11	18-5	9x2	7+8	18-8	7x2	10+8
8-1	3x2	8-2	12-6	7+8	16-10	4+2	9-3	18-6
6+4	10-4	4+10	8+5	4x5	9+3	17-7	7-1	4+9
9+8	20-14	14-8	6x1	9+6	2x6	17-11	15+8	8x3
10-3	3+3	6x4	5+7	14-5	15-9	20-9	2+10	5+6
8+9	2x3	1x6	9-3	12+1	4+2	10-4	1+5	4+8
7-5	2x5	15+6	20-4	12x2	15-4	3+15	10-2	7+4
6+8	12+2	19-2	10+8	4x4	5+6	13+4	4+9	4x5

ARTS, MÉDIAS ET GRANDE BOUCLE

Le Tour de France suscite l'exaltation des commentateurs sportifs et inspire les artistes. Personne ne reste insensible à l'engouement du public pour cet événement si populaire et festif !

1 MOTS CACHÉS

Retrouvez le prénom et le nom de commentateurs du Tour de France. Les lettres des mots se suivent mais ces derniers ne sont pas nécessairement écrits en ligne droite. Chaque lettre ne sert qu'une fois. Les lettres restantes, lues de haut en bas et de gauche à droite, forment le nom d'un autre journaliste spécialiste du cyclisme.

Indice : le prénom du premier journaliste est Antoine.

A	N	G	Y	N	T	A	A	P	E
O	T	C	H	A	R	P	S	D	R
I	N	K	C	I	I	R	T	N	A
B	E	A	T	R	C	U	E	E	X
L	O	P	Z	T	K	C	O	L	A
D	N	H	O	L	D	H	D	R	E
I	N	D	R	E	G	E	N	U	A
D	R	R	A	E	E	N	E	G	S
B	O	C	H	A	T	T	A	C	E
E	R	T	A	P	T	E	J	Q	U

2 QUEL EST CE FILM ?

La Grande Boucle, Jour de fête, Raoul Taburin, Les Triplettes de Belleville, Le Vélo de Ghislain Lambert.

Associez le bon titre à chacun des synopsis suivants :

A. C'est l'histoire d'un petit garçon devenu grand, et accessoirement réparateur de vélo, sans savoir faire de vélo : ....

B. Alors que des forains s'installent dans un village, le facteur décide d'entamer une tournée à vélo « à l'américaine » : ....

C. Un cycliste né le même jour qu'Eddy Merckx rêve de gloire mais peine à réussir : ....

D. Un jeune coureur entraîné par une femme est enlevé par deux hommes en noir : ....

E. Un homme au chômage part faire le Tour de France un jour avant les étapes officielles : ....

3 VRAI OU FAUX ?

A. C'est le journal sportif *L'Équipe* qui est à l'origine du Tour de France. ○ Vrai ○ Faux

B. Les premiers reportages radiophoniques sur le Tour datent de 1929. ○ Vrai ○ Faux

C. C'est en 2002 que toutes les étapes ont été retransmises pour la première fois en direct et en intégralité. ○ Vrai ○ Faux

D. En 2022, le Tour de France a fait plus de 40 % de part d'audience moyenne. ○ Vrai ○ Faux

E. Toujours en 2022, plus de 10 millions de téléspectateurs français ont regardé en direct l'étape du 14 juillet (entre Briançon et l'Alpe d'Huez). ○ Vrai ○ Faux

4 LE MOT MANQUANT

Complétez ces citations de célébrités liées à l'univers du vélo ou du Tour. Chaque terme doit servir une seule fois.

pédale – avancer – mobilité – citron – pas de la porte – Tour – attend – stable – passe – bicyclette – pressé – cou

A. « Quand le Tour de France passe, la France est sur le ______________. »
(Tristan Bernard)

B. « S'il faut de tout pour faire un monde, il faut du monde pour faire un ______________. »
(Antoine Blondin)

C. « ______________ et stabilité ne sont pas antinomiques ; un cycliste n'est ______________ sur sa bicyclette qu'en avançant. »
(Jacques Chirac)

D. « La ______________ est au Tour de France ce que le collier de perles est autour du ______________. »
(Pierre Dac)

E. « La vie, c'est comme une ______________, il faut ______________ pour ne pas perdre l'équilibre. »
(Albert Einstein)

F. « Lemon, ça veut dire ______________, alors vous comprenez pourquoi il gagne des courses LeMond, il est ______________ ! »
(Valéry Giscard d'Estaing, lors d'une étape au puy de Dôme, 1986)

G. « La chance, c'est comme le Tour de France ; on ______________ longtemps et ça ______________ vite. »
(Jean-Pierre Jeunet)

5 MÉMORISEZ, PRÊT, PARTEZ !

Regardez attentivement cette photo pendant 30 secondes, puis rendez-vous à l'étape 18 pour répondre à quelques questions.

6 LE DÉTAIL MANQUANT

Trouvez le détail manquant pour compléter cette vue partielle de la sculpture *Le Tour de France* dans les Pyrénées, une œuvre monumentale (18 mètres de haut pour 30 de large !) de Jean-Bernard Métais, installée sur une aire d'autoroute à Ger, dans les Pyrénées-Atlantiques.

A.

B.

C.

D.

Étape 18

LES DÉFIS DE LA PLAINE

Loin d'être ennuyeuses, les étapes de plaine sont l'occasion de découvrir des paysages variés, mais aussi d'admirer d'impressionnantes accélérations au sein du peloton.

1 RÉBUS

Trouvez en déchiffrant ces rébus 5 étapes de plaine qui ont marqué l'histoire du Tour.

A.

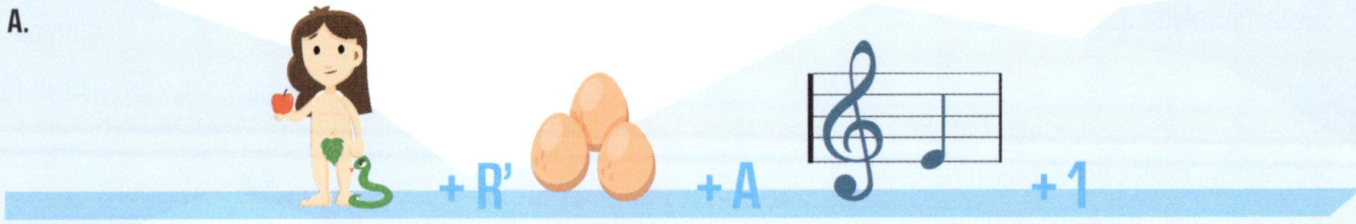

____

B.

____

C.

____

D.

____

E.

____

2 MÉMORISEZ, PRÊT, PARTEZ !

Regardez attentivement cette photo pendant 30 secondes, puis rendez-vous à l'étape 20 pour répondre à quelques questions.

4 PODIUMS DU TOUR

Complétez ces podiums :

A. Les 3 coureurs qui ont remporté plus de 25 étapes du Tour au cours de leur carrière.

_______________ _______________ _______________

B. Les 3 seuls coureurs à avoir remporté 8 étapes au cours d'une même édition du Tour (l'un d'entre eux ayant réussi cet exploit à 2 reprises).

_______________ _______________ _______________

3 CHACUN SON RECORD

Répondez aux questions suivantes, relatives aux 5 étapes du jeu n° 1 de la page ci-contre.

A. 3 de ces étapes sont les étapes en ligne les plus rapides de l'histoire du Tour. Lesquelles ?

____

B. Quel coureur a remporté la plus rapide de toutes ? _______________

Indice : c'est un Italien.

C. Une autre étape est la plus longue de toute l'histoire du Tour (en kilomètres). Laquelle ?

____

D. L'une d'elles est la plus longue (en kilomètres) depuis 1947. Laquelle ?

____

E. Une seule de ces étapes a été reprise 6 années consécutives. Laquelle ?

____

MÉMORISEZ, PRÊT, PARTEZ !

Répondez à ces questions relatives au jeu n°5 de l'étape 17. Entourez la bonne réponse.

A. Les coureurs sont au nombre de 6.
Vrai Faux

B. Ce sont de vrais coureurs du Tour.
Vrai Faux

C. Ils portent tous un casque de vélo.
Vrai Faux

D. Le maillot jaune est au milieu du peloton.
Vrai Faux

E. Le dernier coureur a un dossard bleu.
Vrai Faux

F. Il y a deux maillots rouges dans le groupe.
Vrai Faux

Étape 19

CHRONOS INDIDUELS

Participez, vous aussi, à un contre-la-montre, en terminant les jeux suivants le plus vite possible. Chronométrez-vous !

1 LE BACCALAURÉAT DU TOUR !

Trouvez le plus rapidement possible le maximum de noms de vainqueurs de la Grande Boucle, chacun commençant par une lettre différente de l'alphabet.

A ....
B ....
C ....
D ....
E ....
F ....
G ....
H ....
I ....
J ....
K ....
L ....
M ....
N ....
O ....
P ....
R ....
S ....
T ....
U ....
V ....
W ....
Z ....

3 ANAGRAMMES

Retrouvez en moins d'une minute les noms de ces cols mythiques du Tour de France, dont les lettres ont été mélangées.

A. **LAMERTOUT**

....

B. **DROZAI**

....

C. **BRILAIGE**

....

D. **NARISE**

....

E. **URLATATE**

....

2 MÉMORISEZ, PRÊT, PARTEZ !

Regardez attentivement cette image pendant 30 secondes, puis rendez-vous à l'étape 21 pour répondre à quelques questions.

4 QUAND ÉTAIT-CE ?

Replacez sur cette frise chronologique les noms des vainqueurs de ces éditions du Tour :
Jacques Anquetil – Louison Bobet – Laurent Fignon – Christopher Froome – Maurice Garin – Miguel Indurain – Luis Ocaña – Henri Pélissier – Georges Speicher – Philippe Thys

1903 ……………………

1913 ……………………

1923 ……………………

1933 ……………………

1943 Pas de Tour (Deuxième Guerre mondiale).

1953 ……………………

1963 ……………………

1973 ……………………

1983 ……………………

1993 ……………………

2003 Pas de vainqueur

2013 ……………………

5 QUI SUIS-JE ?

En 1989, alors que je suis favori du Tour (dont j'ai remporté la précédente édition), je me présente avec 2 minutes et 40 secondes de retard pour le premier contre-la-montre individuel, retard que je ne parviens jamais à combler. Je réussis tout de même à me hisser sur la troisième marche du podium final.

Je suis …………………… .

6 CHAMPIONS DU CONTRE-LA-MONTRE

Retrouvez les 3 contre-la-montre les plus rapides du Tour en remettant dans l'ordre les syllabes des étapes, ainsi que les lettres du nom de leur vainqueur.

	Étapes	Vainqueurs
A.	LES-SAIL-PA-VER-RIS	M-L-O-D-N-E
	……………………	……………………
B.	TES-POR-NAN-NIC	M-A-L-I-R-L
	……………………	……………………
C.	VRAN-MONT-A-MI-CHES-CHEL-SAINT	R-I-T-A-M-N
	……………………	……………………

Indice : la dernière lettre de la ville d'arrivée est soulignée.

LA FRANCE ET LE TOUR (4/4)
LE TOUR AU FÉMININ

L'année 2022 a été marquée par la première édition du Tour de France Femmes avec Zwift. Mais ce n'est pas le premier « Tour de France » réservé aux femmes. Retour sur l'histoire du Tour au féminin...

1 LE QCM DU TDF

A. En quelle année a eu lieu le premier « Tour de France » réservé aux femmes ?

- a. En 1955
- b. En 1975
- c. En 1995

B. Combien d'étapes comportait cette compétition ?

- a. 5
- b. 10
- c. 15

C. Combien de coureuses cyclistes y avait-il au départ ?

- a. Une vingtaine
- b. Une quarantaine
- c. Une soixantaine

D. Combien d'éditions y a-t-il eu de cette première version du Tour de France au féminin ?

- a. 1 seule
- b. 5
- c. 15

2 L'ALBUM SOUVENIR DU TOUR

Répondez aux questions suivantes.

A. Qui est cette championne ?

____

B. Quelle est sa nationalité ?

____

C. Dans les années 1980, elle a participé à 5 Tours de France féminin. Combien en a-t-elle remporté ?

____

D. De 1985 à 1989, combien de titres de championne du monde sur route a-t-elle remporté ?

____

E. Quel était le nom de sa grande rivale italienne de l'époque, surnommée « La Mamma volante » ?

____

3 LE BON CHOIX

Avez-vous bien suivi l'édition 2022 du Tour de France Femmes avec Zwift ? Pour le vérifier, entourez la bonne proposition dans chaque énoncé.

A. Cette compétition comportait **5 étapes** / **8 étapes**.

B. Il y avait **21 équipes** / **24 équipes** de **6 coureuses** / **8 coureuses** étaient en lice.

C. Le Tour a été remporté par la Néerlandaise **Annemiek van Vleuten** / **Demi Vollering.**

D. L'arrivée a eu lieu **à La Super Planche des Belles Filles** / **sur les Champs-Élysées.**

E. La première française est arrivée **3e** / **4e** au classement général.

F. Il s'agit de **Juliette Labous** / **Évita Muzic.**

4 ANAGRAMMES

En France, il n'y a pas que Jeannie Longo qui fait du vélo à haut niveau ! Remettez dans l'ordre les syllabes pour former les prénoms et noms de quatre autres championnes françaises. Pour vous aider, leurs initiales sont indiquées, ainsi que, entre parenthèses, leur date de naissance et un extrait de leur palmarès.

AU	GOT	RAND
COR	LI	TA
DON	MU	TEL
DREY	NE	VI
É	PAU	VOT
ED	PI	WI
FER	PRÉ	ZIC
GE	RA	

A. E________ P________ (née en 1967, championne de France contre-la-montre 2004-2005, championne de France sur route 2007 et 2016)

B. A________ C________-R________ (née en 1989, championne de France sur route en 2020 et 2022, championne de France contre-la-montre de 2015 à 2018 et en 2021 et 2022)

C. P________ F________-P________ (née en 1992, championne du monde sur route 2014, championne de France sur route 2014-2015, championne de France contre-la-montre 2012 à 2014)

D. É________ M________ (née en 1999, championne de France sur route 2021)

5 PORTRAITS DE CHAMPIONNES

Ces trois femmes ont marqué l'histoire du cyclisme féminin. Indiquez pour chacune d'elles le numéro de la photo qui la représente et le numéro du drapeau correspondant à sa nationalité.

A. Marianne Martin. Elle a remporté le 1er « Tour de France féminin » (1984).
Portrait : ____ Nationalité : ____

B. Beryl Burton. Championne du monde sur route (1960 et 1967), elle a battu le record du monde masculin des 12 heures : 443 km (1967).
Portrait : ____ Nationalité : ____

C. Marianne Vos. Elle est la première femme championne du monde sur route, sur piste et en cyclo-cross (2008).
Portrait : ____ Nationalité : ____

6 PHOTO MYSTÈRE

Cette photo a été prise en 2012.
Répondez aux questions suivantes :

A. Que signifient le maillot et la médaille portés par la jeune fille au centre ?

____

B. De qui s'agit-il ?

____

C. Quel rôle a-t-elle joué dans le Tour de France Femmes avec Zwift 2022 ?

____

Étape 20

BIENVENUE À PARIS

Après trois semaines de pérégrinations dans tout le pays — et parfois au-delà de ses frontières ! —, le Tour finit son parcours dans les rues de la capitale, avant un ultime sprint sur les Champs-Élysées.

1 LE TOUR DE LA CAPITALE

Retrouvez le nom des différents monuments de Paris illustrés par ces photos du Tour. Attention, il y a un piège !

A. ____________

B. ____________

C. ____________

D. ____________

E. ____________

F. ____________

G. ____________

H. ____________

2 LE QCM DU TDF

La dernière étape du Tour n'a pas toujours eu lieu sur les Champs-Élysées. Saurez-vous trouver les bonnes réponses à ces questions ?

A. Où a eu lieu l'arrivée de la 1re édition du Tour de France, en 1903 ?

a. À Montreuil.
b. À Ville-d'Avray.
c. À Savigny-sur-Orge.

B. Quel lieu a accueilli l'arrivée du Tour de France de 1905 à 1967 ?

a. Le Parc des Princes.
b. Le Champ-de-Mars.
c. Le vélodrome d'Hiver.

C. En quelle année a eu lieu la 1re arrivée du Tour sur les Champs-Élysées ?

a. En 1968.
b. En 1969.
c. En 1975.

D. Dans quel massif forestier se situe le vélodrome de la Cipale, qui a accueilli 6 arrivées du Tour de France ?

a. Le bois de Boulogne.
b. Le bois de Vincennes.
c. La forêt de Rambouillet.

MÉMORISEZ, PRÊT, PARTEZ !

Répondez à ces questions relatives au jeu n° 2 de l'étape 18. Entourez la bonne réponse.

A. Le personnage de gauche se tient debout.
Vrai Faux

B. Il tient dans sa main un trident.
Vrai Faux

C. Il est écrit « Le tour de France » sur cet objet.
Vrai Faux

D. Il porte des cornes noires.
Vrai Faux

E. Il y a des nuages dans le ciel.
Vrai Faux

F. Sur la droite de l'image, on voit le maillot jaune.
Vrai Faux

3 DEVINETTE À BICYCLETTE

A. La dernière étape du Tour 2013 et celle du Tour 2019 ont bien eu pour arrivée les Champs-Élysées, mais en quoi se sont-elles distinguées des autres éditions du Tour ?

....

B. Pourquoi cela concernait-il ces deux années en particulier ?

....

4 L'ALBUM SOUVENIR DU TOUR

Cette photo a été prise en 1989. Répondez aux questions suivantes ou entourez la bonne réponse.

A. Quel est le nom de ce coureur ?

____

B. Quelle est sa nationalité ?

____

C. Quel était son surnom : « Le Blaireau » ou « L'Intello » ?

____

D. Qui a remporté le Tour cette année-là ?

____

E. Quel écart y a-t-il eu entre le 1er et le 2e au classement général ?
8 / 18 / 28 secondes.

____

Étape 21

PODIUM FINAL

Ça y est, le podium sur les Champs-Élysées marque la fin du Tour. Que d'émotions partagées, de champions acclamés et de paysages admirés… Vivement l'année prochaine ! Et vive le vélo !

1 L'ALBUM SOUVENIR DU TOUR

Cette photo a été prise au début de l'ultime étape du Tour 2022.
Indiquez la nationalité et le nom de celui qui porte…

A. Le maillot blanc : ______________________

B. Le maillot jaune : ______________________

C. Le maillot vert : ______________

Questions subsidiaires :

Quel autre classement a remporté au classement général le cycliste du milieu ? ______________

Et celui de droite ? ______________

2 LE PODIUM DES NATIONALITÉS

Classez ces drapeaux en fonction du nombre de Tours de France remportés par la nation qu'ils représentent, de la plus titrée à la moins titrée.

a.

b.

c.

d.

e.

A. Depuis la 1re édition du Tour.

1. __________ 2. __________ 3. __________ 4. __________ 5. __________

B. Depuis 1947.

1. __________ 2. __________ 3. __________ 4. __________ 5. __________

3 LE JUSTE PRIX

Associez à chaque cas le montant de la prime attribuée (données 2021).

Victoire finale	50 000 euros
2e place sur le podium final	5 500 euros
3e place sur le podium final	200 000 euros
4e place sur le podium final	1 000 euros
5e place sur le podium final	25 000 euros
Meilleur grimpeur	25 000 euros
Meilleur sprinteur	20 000 euros
Meilleur jeune	500 euros
Victoire d'étape	300 euros
2e place à une étape	70 000 euros
3e place à une étape	2 800 euros
Porter une journée le maillot jaune	100 000 euros
Porter une journée le maillot vert, à pois ou blanc	11 000 euros
Finir le Tour, quelle que soit sa place	500 000 euros

4 RECORDS DU TOUR

Associez à chacun de ces records (depuis la 1re édition du Tour), le nom du coureur qui le détient. Attention, un coureur détient deux records !

A. Seul coureur ayant remporté à la fois les maillots jaune, vert, à pois (et blanc s'il avait existé) lors d'une même édition.
B. Coureur étant monté le plus souvent sur le podium final.
C. Coureur le plus souvent à la 2e place du podium.
D. Coureur ayant porté le plus grand nombre de fois le maillot jaune.
E. Plus jeune vainqueur du Tour.
F. Seul coureur à avoir remporté 5 tours consécutifs.

- Raymond Poulidor
- Henri Cornet
- Joop Zoetemelk
- Eddy Merckx
- Miguel Indurain

MÉMORISEZ, PRÊT, PARTEZ !

Répondez à ces questions relatives au jeu n° 2 de l'étape 19. Entourez la bonne réponse.

A. Le ciel est bleu.	Vrai	Faux
B. L'un des spectateurs brandit un drapeau suisse.	Vrai	Faux
C. La roue avant du vélo est pleine.	Vrai	Faux
D. La route est en pente.	Vrai	Faux
E. On voit cinq parapluies ouverts.	Vrai	Faux
F. Le cycliste est en danseuse.	Vrai	Faux
G. L'édifice à l'arrière-plan est un phare.	Vrai	Faux

SOLUTIONS

ÉTAPE 1 – PAGES 4-5

1. ANATOMIE DE LA BICYCLETTE

Amortisseur	4	Base arrière	15
Bielle	6	Chaîne	20
Dérailleur arrière	11	Dérailleur avant	1
Frein arrière	9	Frein avant	8
Fourche	2	Guidon	22
Hauban	17	Jante	14
Moyeu	10	Pédale	18
Pignon	24	Poignée	5
Plateaux	21	Rayon	12
Selle	3	Tube de direction	16
Tube diagonal	23	Tube horizontal	7
Tube de selle	13	Valve	19

2. LE QCM DU TDF

A. b. Le mot « vélo » est une abréviation de vélocipède, lui-même construit sur les racines *velox* et *pedus* (« pied »).

B. a. Wilhelmine d'Orange-Nassau est montée sur le trône des Pays-Bas en 1890, à l'âge de 10 ans. Elle avait l'habitude de circuler à vélo, un véhicule peu commun à l'époque. Lors de sa venue en France en 1898, *La France illustrée* l'a décrite comme « la petite reine à bicyclette ». Le terme « petite reine » finira par désigner l'objet, en raison d'une confusion probable entre cette expression et *La Reine bicyclette*, titre d'un livre du célèbre reporter sportif Pierre Giffard (1853-1922).

C. c. Ce mot forgé au début du XIXe siècle désignait un « cabriolet découvert attelé de deux chevaux en flèche ».

D. c. L'humoriste Pierre Desproges, dans l'article « Vélo » de son *Dictionnaire superflu à l'usage de l'élite et des biens nantis* (1997).

3. RENDEZ À CÉSAR...

Inventeur	Invention	Date
Karl Drais von Sauerbronn	draisienne	**1817**
KirkPatrick MacMillan	**bicyclette**	1839
Pierre et Ernest Michaux	pédalier	vers 1860
Jules Truffault	**jantes et fourches creuses**	1875
John Boyd Dunlop	pneumatique	1888
Édouard Michelin	chambre à air	1891

4. DEUX-ROUES EN RÉBUS

A. Célérifère : ce vélo sans pédale est un canular monté dans les années 1890 par un journaliste français, et qui a donc précédé de trente ans l'invention de la draisienne par un Allemand.

B. Gyropode : ce transporteur personnel électrique se déplace en fonction d'un subtil jeu d'équilibre.

C. Motocyclette : ce terme vieilli mais encore employé par l'administration désigne une moto.

D. Vélocipède : ce terme générique désigne tout véhicule à roue(s) à propulsion humaine.

5. MOTS CACHÉS

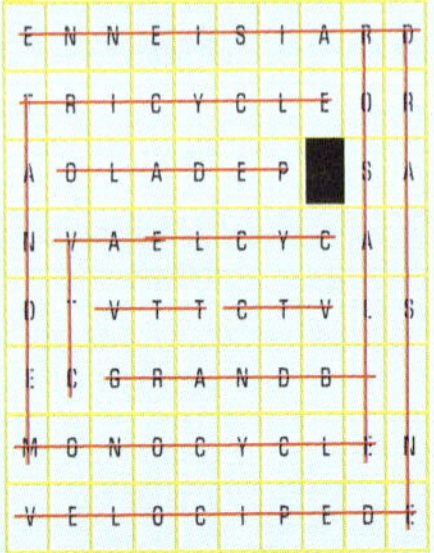

6. LES DINGBATS DU VÉLO

A. « Pédaler dans la semoule » ; **B.** « Être à plat » ; **C.** « Perdre les pédales » **D.** « La tête dans le guidon »

ÉTAPE 2 – PAGES 6-7

1. MÉMORISEZ, PRÊT, PARTEZ !

2. UN AUTRE TOUR EN FRANCE

ÉTAPE 2 (SUITE) – PAGES 8-9

3. LA CARTE GAGNANTE

A. 1926 (tracé le plus long : 5 745 km) ; **B.** 1903 (1re édition du Tour) ; **C.** 2020 (Tour reporté d'un mois à cause de la pandémie de Covid-19, avec un tracé intégralement en France, une première depuis 2013) ; **D.** 1992 (passage par 7 des 12 pays d'Europe ayant signé les accords de Maastricht).

4. ÉTAPE PAR ÉTAPE

A. 6 étapes ; **B.** Dizaine ; **C.** 5 745 km ; **D.** 482 km ; **E.** 25 étapes ; **F.** 46 km.

5. D'UN TOUR À L'AUTRE

A. 2013 ; **B.** 1903 ; **C.** 1994 ; **D.** 1910 ; **E.** 1975 ; **F.** 1954 ; **G.** 1926 ; **H.** 1947 ; **I.** 2004.

6. PHOTOS MYSTÈRES

A. Charles Pelissier ; **B.** Jacques Anquetil ; **C.** Bernard Thévenet ; **D.** Laurent Jalabert.

Question bonus : chacun de ces coureurs a remporté à deux reprises une victoire d'étape le 14-juillet, jour de la Fête nationale : Pélissier en 1930 et 1931, Anquetil en 1961 et 1964, Thévenet en 1970 et 1975, Jalabert en 1995 et 2001.

ÉTAPE 3 – PAGES 10-11

1. LES GRANDES PREMIÈRES

A. 1903 ; **B.** 1967 ; **C.** 2019 (pour cause d'intempéries) ; **D.** 1930 ; **E.** 1910 ; **F.** 1908 (Petit-Breton) ; **G.** 1920 (Thys) ; **H.** 1963 (Anquetil) ; **I.** 1974 (Merckx).

2. VRAI OU FAUX ?

A. Faux, il y en avait 22 ; **B.** Vrai ; **C.** Faux, c'est le Belge Léon Scieur, Barthélémy est arrivé troisième ; **D.** Faux, à 24 reprises ; **E.** Vrai (le Tour ayant été annulé de 1915 à 1918) ; **F.** Faux, le Français Henri Cornet n'avait que 19 ans quand il a remporté le Tour 1904. Mais depuis 1905, le plus jeune vainqueur du Tour est le Slovène Tadej Pogačar, qui a remporté le Tour 2020 à l'âge de... 21 ans ! ; **G.** Vrai.

3. DEVINETTE À BICYCLETTE

Pour que le Tour 2020 ne soit pas en concurrence avec un autre événement sportif majeur, retransmis dans le monde entier : les Jeux olympiques d'été, qui devaient se dérouler à Tokyo mais qui ont été repoussés à l'été 2021.

4. LE DÉTAIL MANQUANT

B. Un portrait d'Eddy Merckx. L'homme en chemise blanche est d'ailleurs... Eddy Merckx en personne ! Le champion belge contemple son propre portrait, affiché au départ de la 19e étape du Tour de France 2021, à Mourenx, en souvenir de l'échappée de 140 km qu'il avait menée en 1969 entre Luchon et Mourenx.

5. QUAND LE TOUR PART DE L'ÉTRANGER

A. Monaco (Monaco, 2009) ; **B.** Copenhague (Danemark, 2022) ; **C.** Dublin (Irlande, 1998) ; **D.** Bâle (Suisse, 1982) ; **E.** Leeds (Royaume-Uni, 2014) ; **F.** Francfort (Allemagne, 1980) ; **G.** Rotterdam (Pays-Bas, 2010) ; **H.** Charleroi (Belgique, 1975).

6. UN TOUR PAS COMME LES AUTRES

A. L'Irlande, et pas le Royaume-Uni, relié à la France par le tunnel sous la Manche, ni la Corse (édition 2013), qui est française.

B. Dublin, et pas Belfast (capitale de l'Irlande du Nord).

C. 1998, année de la victoire de la France lors de la Coupe du monde de football, et non pas 1989, année du bicentenaire de la Révolution française.

ÉTAPE 4 – PAGES 12-13

1. LES CHAMPIONS DU TOUR

De l'édition la plus récente (2022) à 1975 : Jonas Vingegaard, Tadej Pogačar, Egan Bernal, Geraint Thomas, Christopher Froome, Vincenzo Nibali, Bradley Wiggins, Cadel Evans, Andy Schleck, Alberto Contador, Carlos Sastre, Oscar Pereiro, Marco Pantani, Jan Ullrich, Bjarne Riis, Miguel Indurain, Greg LeMond, Pedro Delgado, Bernard Hinault, Laurent Fignon, Joop Zoetemelk, Bernard Thévenet, Lucien Van Impe.

Remarque : « Lance Armstrong » n'est pas une bonne réponse, car il a été destitué de ses titres de vainqueur du Tour de France.

2. AU PIED DE LA LETTRE

1. Être en chasse-patate ; **2.** Compter les pavés ; **3.** Arroser les fleurs ; **4.** Avoir la socquette légère ; **5.** Avoir la pancarte ; **6.** Être en danseuse ; **7.** Mordre le guidon ; **8.** Pédaler avec ses oreilles ; **9.** Sucer la roue ; **10.** Le coup du bidon collant.

3. LE TOP DES ÉQUIPES

Par exemple : B&B HOTELS - KTM (2022), Bahrain Victorious (2021), Movistar (2015-2016 et 2018 à 2020), Sky (2017), AG2R La Mondiale (2014), Astana (2009), Radioschack (2010 à 2012), Astana (2009), CSC-Saxo Bank (2008), Discovery Channel (2007), Once (2002), Kelme (2000-2001), Cofidis (1998), Telekom (1997), Festina (1994 à 1996), Carrera (1992-1993), Banesto (1991 à 1999), Z (1990), PDM (1988-1989), Système U (1987), La Vie Claire (1985-1986), Peugeot-Esso (1981), Renault-Gitane (1979), Miko-Mercier (1976-1978-1980), Ti-Raleigh (1975-1977-1983)...

4. LES MEILLEURS DES GRIMPEURS

De l'édition la plus récente (2022) à 1975 : Jonas Vingegaard, Tadej Pogačar, Romain Bardet, Julian Alaphilippe, Warren Barguil, Rafal Majka, Christopher Froome, Nairo Quintana, Thomas Voeckler, Samuel Sanchez, Anthony Charteau, Egoi Martinez, Carlos Sastre, Mauricio Soler, Michael Rasmussen, Richard Virenque, Laurent Jalabert, Santiago Botero, Christophe Rinero, Tony Rominger, Claudio Chiappucci, Thierry Claveyrolat, Gert-Jan Theunisse, Steven Rooks, Luis Herrera, Bernard Hinault, Robert Millar, Lucien Van Impe, Raymond Martin, Giovanni Battaglin, Mariano Martinez, Giancarlo Bellini.

5. LA BONNE DÉFINITION

a. 6 ; **b.** 4 ; **c.** 8 ; **d.** 5 ; **e.** 10 ; **f.** 2 ; **g.** 7 ; **h.** 9 ; **i.** 3 ; **j.** 1

6. TOUS POÈTES À BICYCLETTE !

Quelques exemples de rimes en « -ler » :
aller, dévaler, accabler, bringuebaler...

Quelques exemples de rimes en « -cher » :
cravacher, rechercher, marcher, toucher...

À vous d'exercer un regard critique sur vos talents poétiques !

Et si vous êtes plusieurs à jouer, procédez à un vote pour désigner le poème qui serait digne d'être lu sur le podium des Champs-Élysées.

ÉTAPE 5 – PAGES 14-15

1. ATTENTION DANGER !

A. c. Débouché sur un quai ou une berge ; **B.** b. Ralentisseur de type dos d'âne ; **C.** e. Passage d'animaux sauvages ; **D.** a. Virage dangereux à gauche ; **E.** f. Risque de chutes de pierres ; **F.** d. Succession de virages dangereux dont le premier est à gauche ; **G.** g. Descente dangereuse (10 %) ; **H.** h. Cassis ou dos d'âne.

2. CECI N'EST PAS UN VRAI PANNEAU

Seul le panneau B n'existe pas. Voici la signification des autres : **A.** Voie conseillée et réservée aux cyclistes ; **C.** Fin de voie verte (ouverture aux piétons et cyclistes et aux engins non-motorisés.) ; **D.** Parking réservé aux vélos ; **E.** Danger : débouché de cyclistes.

4. LES 7 DIFFÉRENCES

5. DU RIFIFI DANS LES GRAFFITIS

A. « Que le meilleur gagne ! » (en lisant de droite à gauche) ; **B.** « Vive le Tour ! » (en remplaçant chaque lettre par celle qui la précède dans l'alphabet) ; **C.** « Ne déraillez pas avec la sécurité » (anagrammes).

6. L'ALBUM SOUVENIR DU TOUR

A. Dark Vador, sombre héros de la saga cinématographique *Star Wars*, imaginée par l'Américain George Lucas.

B. Les Télétubbies, héros d'une série britannique pour enfants de la fin des années 1990.

C. Superman et Catwoman, deux héros des comics américains de l'univers DC.

LE TOUR DE LA FRANCE – PAGES 16-17

PHOTOS MYSTÈRES GÉANT

A-12. Le Futuroscope de Poitiers (photo prise lors du Tour 2000) ; **B-4.** Le pont du Gard (1957) ; **C-13.** L'ossuaire de Douaumont, près de Verdun (2014) ; **D-1.** Le Puy du Fou (présentation des équipes du Tour 2011) ; **E-8.** Notre-Dame de la Garde, à Marseille (2017) ; **F-2.** La Rochelle (1966) ; **G-10.** La place Stanislas, à Nancy (voiture en reconnaissance, 1906) ; **H-3.** La cathédrale de Châlons-en-Champagne, ex-Châlons-sur-Marne (2012) ; **I-15.** Le viaduc de Garabit (2011) ; **J-5.** Le château de Chambord (2005) ; **K-9.** La cathédrale Notre-Dame de Strasbourg (1992) ; **L-6.** Les arènes de Nîmes (1949) ; **M-14.** Troyes (2017) ; **N-7.** Le viaduc de Millau (2005) ; **O-11.** Le Mont-Saint-Michel (2016).

ÉTAPE 6 – PAGES 18-19

1. EN TÊTE DU PELOTON

A. Maurice Garin (1903) ; **B.** Lucien Petit-Breton (1907, 1908) ; **C.** Philippe Thys (1913, 1914, 1920) ; **D.** Jacques Anquetil (1957, 1961, 1962, 1963, 1964) ; **E.** Eddy Merckx (1969, 1970, 1971, 1972, 1974) ; **F.** Miguel Indurain (1991, 1992, 1993, 1994, 1995).

Question subsidiaire : Christopher Froome (2013, 2015, 2016, 2017).

2. DEVINETTE À BICYCLETTE

Ils ont tous gagné le Tour lors de leur première participation.

Question subsidiaire : Hugo Koblet (en 1951), Felice Gimondi (en 1965).

3. QUI SUIS-JE ?

A. Le Belge Wout van Aert (vainqueur du classement par points et prix de la combativité) ; **B.** Le Slovène Tadej Pogačar (2e du Tour et vainqueur du classement du meilleur jeune) ; **C.** Le Danois Jonas Vingegaard (vainqueur du Tour et vainqueur du classement du meilleur grimpeur).

4. LE QCM DU TDF

A. b. ; **B.** c. ; **C.** b.

5. LA MÉNAGERIE DU TOUR

Alex Zülle	Le Chien fou
Bernard Hinault	Le Blaireau
Federico Bahamontes	L'Aigle de Tolède
Jean-Baptiste Dortignac	La Gazelle
Laurent Jalabert	Le Panda
Paolo Bettini	Le Grillon
Phil Anderson	Le Kangourou
Philippe Thys	Le Basset
Tony Rominger	Le Dromadaire

6. LES MOTS DES ROIS DU VÉLO

A. « On n'**abandonne** pas en bas d'un **col** ! » Louison Bobet

B. « Cette **course**… c'est une connerie ! » Bernard Hinault (non pas à propos du Tour mais du Paris-Roubaix et de ses pavés…)

C. « Nous étions des **vivants**. Parfois des moribonds, jamais des **robots**. » Laurent Fignon

D. « Si la vieillesse est un **naufrage**, la bicyclette est certainement l'un des plus surs moyens d'éviter la **noyade**. » Raymond Poulidor

E. « J'**accroche** une remorque à mon vélo, j'y mets ma **belle-mère**, et j'arrive encore premier en haut du col. » Jean Robic

F. « Quand je bats dix fois **Poulidor**, les gens trouvent que c'est normal ; quand il me bat une seule fois, les gens applaudissent et la presse parle d'**exploit**. » Jacques Anquetil

G. « Tous ces **efforts** pour quelques lignes de palmarès… J'aurais pu faire quelque chose de plus constructif, de plus important. Retourner la **terre** comme mon père. » Miguel Indurain

H. « Quand j'ai vu le **maillot jaune**, que j'avais la veille bien disposé sur une chaise devant mon lit, je me suis dit : "Mais qu'est-ce que tu fais dans la chambre de **Merckx** ?" - Je n'y croyais pas. » Bernard Thévenet

ÉTAPE 7 – PAGES 20-21

1. LES MOTS DU PELOTON

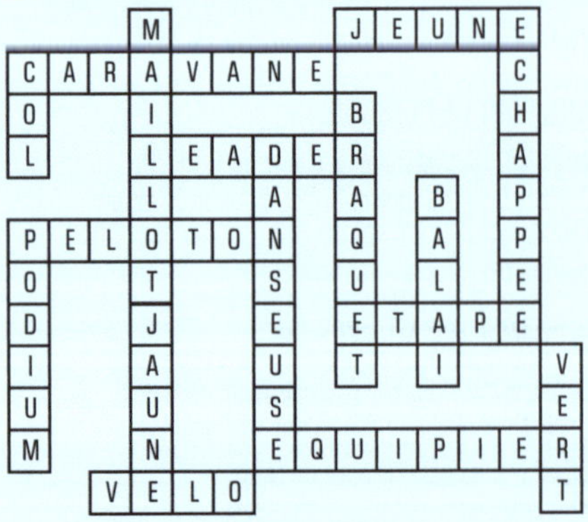

2. L'ALBUM SOUVENIR DU TOUR

A. Le maillot jaune. L'un des deux est un imposteur ; **B.** D'Eddy Merckx ; **C.** Tom Boonen ; **D.** Oscar Pereiro.

3. DES FIDÈLES DU PELOTON

A. Sylvain Chavanel (de 2001 à 2018 ; il a pris sa retraite en 2018) ; **B.** Sylvain Chavanel et Joop Zoetemelk ; **C.** Eddy Merckx (de 1969 à 1973) ; **D.** Fausto Coppi (1949 et 1952) ; **E.** Joop Zoetemelk ; **F.** Miguel Indurain (5 victoires de 1991 à 1995).

4. LE CODE DU PELOTON

A. Quand le maillot jaune fait une pause-pipi, on peut en profiter **pour faire de même.** Attaquer serait très mal vu. De même en cas de panne mécanique.

B. À l'approche de l'arrivée d'une étape, pour remonter le peloton, on passe **sur les côtés.** Cela limite le risque de chutes.

C. Le vrai patron du peloton, **c'est celui qui a le plus d'autorité.** Qu'il ait ou non le maillot jaune.

D. Dans le peloton, on parle de moins en moins parce qu'**on est filmé en permanence et que les directeurs sportifs ont déjà beaucoup de choses à dire via les oreillettes.**

5. LE DÉTAIL MANQUANT

A. c. Il le gardera jusqu'à l'arrivée sur les Champs-Élysées.

B. b. Un journal, *L'Équipe* !

MÉMORISEZ, PRÊT, PARTEZ : JEU Nº 3 DE L'ÉTAPE 5

A. Vrai ; **B.** Faux, il en compte 8 ; **C.** Faux, elle se trouve dans la partie gauche de l'image ; **D.** Vrai. ; **E.** Faux, il y en au moins deux ; **F.** Vrai car on distingue bien les ombres.

ÉTAPE 8 – PAGES 22-23

1. LE SENS DES COULEURS

1. D ; **2.** A (le maillot E est celui du meilleur grimpeur au Critérium du Dauphiné) ; **3.** B ; **4.** C (le maillot F est porté par le champion du monde de cyclisme sur route).

2. LE QCM DU TDF

A. b. Il était exceptionnellement rouge pour répondre à une exigence du sponsor d'alors, un fabricant de soda.

B. c. Le vainqueur du Tour n'a porté le maillot jaune que sur le podium final : Jean Robic en 1947 et Jan Janssen en 1968.

C. c. À la belle jardinière (un magasin de confection et non pas une jardinerie) et le chocolatier Poulain.

3. DEVINETTE À BICYCLETTE

A. L'Américain Greg LeMond.

B. C'est le maillot du combiné, utilisé de 1968 à 1989 et porté par celui qui était leader à la fois au classement général (maillot jaune), au classement par points (maillot vert) et au classement de la montagne (maillot à pois rouges).

4. C'EST LOGIQUE !

Francesco Moser a été le premier porteur du maillot blanc (en 1975), Eugène Christophe celui du maillot jaune (en 1919), Fritz Schaer celui du maillot vert (en 1953) et Lucien Van Impe celui du maillot à pois (en 1975).

5. PSYCHO-TEST

Vous avez une majorité de...

● : À vous le maillot jaune !

Vous êtes un(e) fin(e) stratège et savez gérer à la fois votre temps et votre énergie, mais aussi compter sur l'aide des autres et les motiver pour parvenir à vos fins. Bravo !

■ : À vous le maillot vert !

Vous êtes rapide, c'est bien ! Mais parfois peut-être un peu trop rapide. Prenez le temps de réfléchir avant d'agir, et de vous appuyer aussi sur le reste du peloton. Vous dépenserez peut-être moins d'énergie inutilement.

◆ : À vous le maillot à pois !

L'effort ne vous fait pas peur et vous faites preuve de persévérance. C'est même face aux plus grandes difficultés que vous révélez le meilleur de vous-même. Alors si vous vous laissez distancer sur des projets plus faciles, ce n'est pas si dramatique, car vous savez montrer vos capacités quand les autres sont en queue de peloton.

6. LE JEU DES 7 ERREURS

ÉTAPE 9 – PAGES 24-25

1. POUR PRENDRE UN BON DÉPART

A. Le Britannique Mark Cavendish ; **B.** Les danseuses du Moulin-Rouge, venues pour l'occasion à Saint-Lô, ville départ de la 2e étape du Tour ; **C.** Michel Polnareff ; **D.** Le Mont-Saint-Michel.

2. LES 7 DIFFÉRENCES

3. LA MEILLEURE ÉTAPE DE LA FIN D'ÉTAPE

Grand adducteur, biceps fémoral, tibial antérieur (à l'avant du tibia) et gastrocnémien (à l'arrière du tibia). Le triceps brachial et le long palmaire sont des muscles du bras. Le trapèze et le grand rond sont des muscles de l'épaule.

4. PHOTO MYSTÈRE

A. Bradley Wiggins ; **B.** Britannique ; **C.** Sky (c'est d'ailleurs écrit sur le sac à côté de lui !) ; **D.** En première, puisqu'il a remporté le Tour en étant leader du classement général de la 7e à la dernière étape.

5. AU DODO !

Il y a en tout **51 roues** dont 30 entières et 21 coupées.

ÉTAPE 10 – PAGES 26-27

1. LE QCM DU TDF

A. b. En 1930, pour financer le passage des équipes de marques aux équipes nationales ; **B.** a. En 1952 ; **C.** c. En 1981 ; **Question subsidiaire :** b.

2. DES MARQUES ET DES SLOGANS

A. Vittel ; **B.** Le Gaulois ; **C.** La Française des Jeux (ou FDJ) ; **D.** E. Leclerc ; **E.** LCL ; **F.** Enedis ; **G.** Parc Astérix ; **H.** Sécurité routière.

3. LES 7 DIFFÉRENCES

4. L'ENTRE-DEUX

Le ventre mou.

5. L'ALBUM SOUVENIR DU TOUR

A. Vittel ; **B.** La Française des Jeux (ou FDJ) ; **C.** Parc Astérix. ; **D.** Le Gaulois.

LE RÉGIONAL DE L'ÉTAPE – PAGES 28-29

TROMBINOSCOPE GÉANT

A. Lucien Petit-Breton, 44 ; **B.** Louison Bobet, Ille-et-Vilaine ; **C.** Bernard Hinault, Côtes-d'Armor ; **D.** Jacques Anquetil, 76 ; **E.** Julian Alaphilippe, Cher ; **F.** Octave Lapize ; **G.** Laurent Fignon ; **H.** Jean Alavoine, 59 ; **I.** Robert Marchand, Somme ; **J.** Jean Robic, 08 ; **K.** Thomas Voeckler, Bas-Rhin ; **L.** Bernard Thévenet, 71 ; **M.** Thibaut Pinot, Haute-Saône ; **N.** Antonin Magne, 15 ; **O.** Romain Bardet, Haute-Loire ; **P.** Pierre Latour, 26 ; **Q.** Raymond Poulidor, Creuse ; **R.** Laurent Jalabert, 81 ; **S.** Lucien Aimar, Var.

Question bonus :

C'est Robert Marchand (I.), le doyen des cyclistes français, mort à 109 ans. Il n'a jamais été un professionnel du Tour, mais il a tout de même parcouru 20 km de la 13e étape du Tour 2016, en Ardèche. C'était le jour de son 104e anniversaire !

ÉTAPE 11 – PAGES 30-31

1. LE QCM DU TDF

A. c ; **B.** b ; **C.** b ; **D.** c. C'est Eddy Merckx qui remporta finalement ce Tour ; **E.** Christopher Froome, qui ce jour-là portait un poncho pour se protéger de la pluie, mais un poncho sans aucune inscription, ce qui explique pourquoi le gendarme l'a pris pour un cycliste lambda ; **F.** b. Depuis la mort d'Andreï Kivilev, pendant le Paris-Nice 2003, l'Union internationale cycliste a rendu le casque obligatoire pour toutes les courses qu'elle organise.

2. PHOTO MYSTÈRE

En l'hommage de Fabio Casartelli. L'Italien a fait une chute mortelle dans la descente de ce col, le 18 juillet 1995. Il avait 24 ans.

3. L'ALBUM SOUVENIR DU TOUR

Laurent Jalabert, alors membre de l'équipe Once. Gravement blessé au visage, il a dû abandonner le Tour 1994. Cette chute collective, qui a eu lieu lors du sprint final de la première étape, a été causée par un policier qui s'était avancé sur la chaussée afin de prendre une photo pour un spectateur.

4. LE BON CHOIX

A. b ; **B.** b ; **C.** b. La dernière partie de l'étape a été annulée, et aucun vainqueur d'étape n'a été désigné !

5. DEVINETTE À BICYCLETTE

Il s'agit de l'édition 1905 du Tour (la loi en question est celle de la séparation des Églises et de l'État).

ÉTAPE 12 – PAGES 32-33

1. LE QCM DU TDF

A. b. De grosses étapes de montagne. En général, il y a une journée de repos avant les Pyrénées et une avant les Alpes ; **B.** a. À un méchoui. S'il a eu du mal le lendemain à effectuer l'ascension du Port d'Envalira, il a pu rattraper son retard lors de la descente... ; **C.** c. De rester assis la majeure partie du temps. Faire la sieste risque de dérégler leur rythme habituel, et marcher sollicite d'autres muscles que la pratique du vélo, ce qui peut les fatiguer.

3. MÉDITONS CES (SAGES ?) PAROLES

A. « Cyclistes, fortifiez vos jambes en mangeant des œufs **mollets**. » (Pierre Dac)

B. « Sans l'invention de la roue, les coureurs du Tour de France seraient condamnés **à porter leur bicyclette sur le dos**. » (Pierre Dac)

C. « On reconnaît un cycliste au volant au fait **qu'il se penche** quand sa voiture prend un virage. » (Bernard Hinault)

D. « Il est idiot de monter une côte à bicyclette, quand il suffirait **de se retourner** pour la descendre. » (Pierre Dac)

E. « Plus on **pédale** moins fort, moins on avance plus vite. » (Coluche)

4. LE SUDOKU DU TOUR

5. LES DINGBATS DU TOUR

A. Être en tête du peloton ; **B.** En garder sous la pédale ; **C.** Course contre la montre ; **D.** Être dans la roue ; **E.** Mettre tout à droite (mettre son plus gros braquet).

6. UNE CHANSON POUR LA ROUTE

A. matin, copains, Paulette, Yves Montand ; **B.** tomber, coup, soulage, Bénabar ; **C.** oies, soudain, minois, Bourvil ; **D.** fille, mini, gambettes, Georges Moustaki ; **E.** veille, épaules, grimaçant, peloton, Sanseverino.

ÉTAPE 13 – PAGES 34-35

1. SYLLABES EN VRAC

Dans l'ordre alphabétique : Aubisque (P), Galibier (A), Iseran (A), Izoard (A), Croix de Fer (A), Lautaret (A), Peyragudes (P), Portet-d'Aspet (P), Soulor (P), Tourmalet (P).

2. QUI SUIS-JE ?

A. Le col du Tourmalet (59 passages contre 49) ; **B.** Le col du Galibier (38 passages contre 32) ; **C.** La cime de la Bonette (2 802 m contre 2 770 m) ; **D.** Le mont du Chat (1 504 m contre 1 501 m) ; **E.** L'Alpe d'Huez (28 fois contre 27 fois).

3. DES PRIMES SPÉCIALES

A. c. ; **B.** a. ; **C.** b.

4. PORTRAITS DE SOMMETS

A. Le col de l'Iseran (chapelle Notre-Dame-de-Toute-Prudence) ; **B.** Le col de La-Croix-de-Fer (et sa croix de fer !) ; **C.** Le col du Tourmalet (statue *Le Géant* par Jean-Bernard Métais) ; **D.** Le col de l'Izoard (passage de la Casse déserte).

5. DUEL AU SOMMET

A. Jacques Anquetil et Raymond Poulidor ; **B.** Raymond Poulidor (la 14e étape) ; **C.** Il s'agit du col du Galibier ; **D.** Raymond Poulidor finit 3e de ce Tour ; Anquetil abandonne lors de la 19e étape.

6. MOTS CACHÉS

I	C	C	U	P	P	A	I	H	C
M	P	A	Z	R	I	M	V	P	J
A	A	H	E	O	L	A	I	I	A
J	R	C	N	M	N	S	R	L	L
K	E	O	E	I	A	S	E	A	A
A	R	P	M	N	G	I	N	T	B
L	R	P	I	G	A	G	Q	R	E
I	E	I	J	E	U	N	U	A	R
J	H	P	E	R	L	A	E	B	T
B	A	H	A	M	O	N	T	E	S

Maillot à pois mystère : Julian **Alaphilippe** (2018).

ÉTAPE 14 – PAGES 36-37

1. ANAGRAMMES

A. Paul Belmondo ; **B.** Maëva Couche ; **C.** Claude Dartois ; **D.** Roger Legeay ; **E.** Dorian Louvet ; **F.** Laurent Maistret ; **G.** Satya Oblette ; **H.** Richard Virenque.

2. PHOTOS MYSTÈRES

A. Joséphine Baker

B. Annie Cordy

C. Yvette Horner

D. Les Frères Jacques (aux côtés de Jacques Anquetil).

E. Lino Ventura (aux côtés de Bernard Hinault).

F. Jean-Paul Belmondo.

3. LE QCM DU TDF

A. b. Le général de Gaulle ; **B.** b. Valéry Giscard d'Estaing ; **C.** a. Nicolas Sarkozy ; **D.** b. Emmanuel Macron.

4. L'ALBUM SOUVENIR DU TOUR

A. Alberto Contador ; **B.** Espagnole ; **C.** Cameron Diaz et Tom Cruise ; **D.** Américaine ; **E.** *Night and Day*, de James Mangold.

5. PHOTO MYSTÈRE

A. Bernard Thévenet, Eddy Merckx, Bernard Hinault et Joop Zoetemelk ; **B.** Pour célébrer le 100e anniversaire du maillot jaune ; **C.** Julian Alaphilippe ; **D.** En 2019.

ÉTAPE 15 – PAGES 38-39

1. CHAMPIONS SOLITAIRES

Albert Bourlon a fait une échappée de 253 km en 1947 ; Thierry Marie a fait une échappée de 234 km en 1991 ; José Pérez-Francès a fait une échappée de 223 km en 1965.

2. QUELLES ÉTAPES !

A. Carcassonne-Luchon, étape de l'échappée d'Albert Bourlon ; **B.** Arras-Le Havre, étape de l'échappée de Thierry Marie ; **C.** Ax-Les-Thermes-Barcelone, étape de l'échappée de José Pérez-Francès.

3. LE VOCABULAIRE DE L'ÉCHAPPÉE

Prendre le bon wagon ; avoir un bon de sortie ; faire le trou ; être dans la bonne.

4. L'ALBUM SOUVENIR DU TOUR

A. Hugo Koblet ; **B.** Eddy Merckx ; **C.** Bernard Quilfen ; **D.** Jacky Durand ; **E.** Cédric Vasseur ; **F.** Richard Virenque.

5. LA DURÉE MYSTÈRE

A. C'est le record de l'écart à l'arrivée d'une étape entre le vainqueur et le deuxième ; **B.** L'Espagnol José Luis Viejo et le Néerlandais Gerben Karstens, lors de l'étape Montgenèvre-Manosque ; **C.** C'était en 1976.

AUTOUR DU TOUR – PAGES 40-41

QCM GÉANT

1. c. C'est la seule femme cycliste à avoir participé au Tour, en 1908, de manière officieuse. Les organisateurs ayant refusé qu'elle intègre le peloton, elle part 10 minutes après lui.

2. b. Il a pris « une cuite » pendant une étape. On ne sait pas si c'est parce qu'un spectateur lui a donné un bidon de vin ou si des vendangeurs ont voulu le rafraîchir après qu'il a chuté dans un fossé.

3. a. Hugo Koblet (photo).

4. c. 9 kilos de plomb. Cela facilitait la descente !

5. a. C'était le « bouffon » du peloton. Surnommé « Le Clown » en raison de ses excentricités, il a porté le maillot jaune pendant 4 étapes lors du Tour 1953.

6. c. Par un méchoui.

7. c. Un accident de la circulation. Un camion-citerne est tombé dans la Dordogne, emportant avec lui des dizaines de spectateurs. 9 personnes sont mortes. C'est la pire tragédie de l'histoire du Tour (photo).

8. a. Eddy Merckx, qui, sans cet incident, aurait peut-être remporté son 6e Tour.

9. b. Les coureurs ont fait la grève. Ils ont franchi tous ensemble, à pied, la ligne d'arrivée pour demander à ce que l'on respecte leur temps de repos entre deux étapes.

10. a. Entre 1969 et 1978, 4 vainqueurs du Tour ont porté ce numéro (Merckx en 1969, Ocaña en 1973, Thévenet en 1975 et Hinault en 1978 (photo).

11. b. Du piano à queue.

12. b. Une tétine de bébé. C'était un clin d'œil à sa fille, Claudia, alors âgée de 2 ans.

13. a. Parce qu'il était superstitieux. En effet, son dossard portait le numéro 13.

14. b. Un bus est resté bloqué, pile sur la ligne d'arrivée. Heureusement, en dégonflant ses pneus, on a réussi à le dégager avant l'arrivée des coureurs.

15. b. À cause du blocage de la route par des manifestants écologistes.

ÉTAPE 16 – PAGES 42-43

1. CHACUN SA VITESSE

A. 70 ; **B.** 102 ; **C.** 115 ; **D.** 60 ; **E.** 44 ; **F.** 40.

2. L'ALBUM SOUVENIR DU TOUR

A. b. C'est la fameuse grève des coureurs menée le 12 juillet pour protester contre l'organisation, qui ne leur permet pas un repos suffisant entre deux étapes ; **B.** d. Bernard Hinault et son jeune coéquipier Greg LeMond, après une belle échappée, arrivent main dans la main au sommet. Hinault remporte l'étape et le Tour ; **C.** a. L'Espagnol Carlos Sastre, vainqueur de l'étape, fait un clin d'œil à sa fille, la petite Claudia, en portant une tétine à la bouche ; **D.** c. Lors du sprint final, les cyclistes heurtent un policier posté sur le bas-côté. Laurent Jalabert et Wilfried Nelissen sont contraints d'abandonner le Tour.

3. MOTS CACHÉS

T	N	E	M	E	D	I	P	A	R
H	S	U	R	T	D	N	O	F	A
I	A	G	F	I	S	S	A	D	P
N	G	N	E	R	U	L	L	A	I
E	V	I	T	E	S	S	E	R	D
M	H	Z	E	L	R	P	V	E	I
E	A	R	T	E	U	R	I	D	T
V	T	E	I	C	E	I	T	A	E
I	E	B	V	A	E	N	E	R	S
V	E	L	O	C	I	T	E	E	N

Sprinteur mystère : Peter **SAGAN.**

4. ANAGRAMMES

A. Peter Sagan et Erik Zabel, 7 ; **B.** Bernard Hinault, 19 ; **C.** Jonas Vingegaard, 42,026 km/h (2022).

5. SIX, PAS PLUS PAS MOINS !

2*2	2+13	4*5	20-10	9+10	3+11	16 6	1+12	4+0
3+15	7*3	2*11	18-5	9*2	7+8	18-8	7*2	10+8
8-1	3*2	8-2	12-6	7+8	16-10	4+2	9-3	18-6
6+4	10-4	4+10	8+5	4*5	9+3	17-7	7-1	4+9
9+8	20-14	14-8	6*1	9+6	2*6	17-11	15+8	8*3
10-3	3+3	6*4	5+7	14-5	15-9	20-9	2+10	5+6
8+9	2*3	1*6	9-3	12+1	4+2	10-4	1+5	4+8
7-5	2*5	15+6	20-4	12*2	15-4	3+15	10-2	7+4
6+8	12+2	19-2	10+8	4*4	5+6	13+4	4+9	4*5

E et Z sont les initiales de l'Allemand Erik Zabel (maillot vert de 1996 à 2001).

ÉTAPE 17 – PAGES 44-45

1. MOTS CACHÉS

A	N	G	Y	N	T	A	A	P	E
O	T	C	H	A	R	P	S	D	R
I	N	K	C	I	I	R	T	N	A
B	E	A	T	R	C	U	E	E	X
L	O	P	Z	T	K	C	O	L	A
D	N	H	O	L	D	H	D	R	E
I	N	D	R	E	G	E	N	U	A
D	R	R	A	E	E	N	E	G	S
B	O	C	H	A	T	T	A	C	E
E	R	T	A	P	T	E	J	Q	U

Les lettres restantes forment le nom de Jacques GODDET.

2. QUEL EST CE FILM ?

A. *Raoul Taburin* (Pierre Godeau, 2018).

B. *Jour de fête* (Jacques Tati, 1949).

C. *Le Vélo de Ghislain Lambert* (Philippe Harel, 2001).

D. *Les Triplettes de Belleville* (Sylvain Chomet, 2003).

E. *La Grande Boucle* (Laurent Tuel, 2013).

3. VRAI OU FAUX ?

A. Faux, c'est *L'Auto* (et non pas *Le Vélo* !) ; **B.** Vrai, ils sont l'œuvre de Jean Antoine et d'Alex Virot ; **C.** Faux, c'était 15 ans plus tard, en 2017 ; **D.** Vrai ; **E.** Faux, mais ils étaient 6,4 millions, un record pour une étape (depuis 2013).

4. LE MOT MANQUANT

A. pas de la porte ; **B.** Tour ; **C.** mobilité, stable ; **D.** pédale, cou ; **E.** bicyclette, avancer ; **F.** citron, pressé ; **G.** attend, passe.

6. LE DÉTAIL MANQUANT

Le détail manquant est la pièce **A.**

ÉTAPE 18 – PAGES 46-47

1. RÉBUS

A. Évreux-Amiens ; **B.** Les Sables-d'Olonne-Bayonne ; **C.** Laval-Blois ; **D.** Bordeaux-Saint-Maixent-l'École ; **E.** Clermont-Ferrand-Fontainebleau.

3. CHACUN SON RECORD

A. Laval-Blois (1999, 50,355 km/h) ; Bordeaux-Saint-Maixent-l'École (2003, 49,938 km/h) ; Évreux-Amiens (1993, 49,417 km/h de moyenne) ; **B.** Mario Cippollini ; **C.** Les Sables-d'Olonne-Bayonne (482 km, en 1919) ; **D.** Clermont-Ferrand-Fontainebleau (369 km, en 1967) ; **E.** Les Sables-d'Olonne-Bayonne (de 1919 à 1924).

4. PODIUMS DU TOUR

A. Eddy Merckx et Mark Cavendish (34), Bernard Hinault (28).

B. Eddy Merckx (1970 et 1974) ; Freddy Maertens (1976) ; Charles Pélissier (1930).

MÉMORISEZ, PRÊT, PARTEZ ! : JEU N° 5 DE L'ÉTAPE 17

A. Vrai ; **B.** Faux, ce sont des miniatures ! ; **C.** Faux, ils n'ont pas de casque mais une casquette ; **D.** Faux, il est en tête du peloton ; **E.** Vrai ; **F :** Faux, il n'y en a qu'un.

ÉTAPE 19 – PAGES 48-49

1. LE BACCALAURÉAT DU TOUR !

A. Anquetil, Aimar (NDLR : les 7 victoires d'Armstrong ont été annulées par l'Union cycliste internationale).

B. Bobet, Bahamontes, Bottecchia, Buysse, Bartali, Bernal.

C. Coppi, Contador, Cornet.

D. Delgado, Defraye, De Waele.

E. Evans.

F. Froome, Faber, Fignon, Frantz.

G. Gaul, Gimondi, Garin, Garrigou.

H. Hinault.

I. Indurain.

J. Janssen.

K. Koblet, Kübler.

L. LeMond, Leducq, Lambot, Lapize, Lapébie.

M. Merckx, Magne, Maes.

N. Nibali, Nencini.

O. Ocaña.

P. Pélissier, Petit-Breton, Pingeon, Pantani, Pottier, Pereiro, Pogačar.

R. Robic, Roche, Riis.

S. Schleck, Speicher, Sastre, Scieur.

T. Thévenet, Thomas, Thys, Trousselier.

U. Ullrich.

V. Van Impe, Vingegaard.

W. Wiggins, Walkowiak.

Z. Zoetemelk.

3. ANAGRAMMES

A. TOURMALET ; **B.** IZOARD ; **C.** GALIBIER ; **D.** ISERAN ; **E.** LAUTARET.

4. QUAND ÉTAIT-CE ?

Tous les 10 ans, de 1903 à 2013 : Maurice Garin, Philippe Thys, Henri Pélissier, Georges Speicher, Louison Bobet, Jacques Anquetil, Luis Ocaña, Laurent Fignon, Miguel Indurain et Christopher Froome.

5. QUI SUIS-JE ?

L'Espagnol **Pedro Delgado.**

6. CHAMPIONS DU CONTRE-LA-MONTRE

A. Versailles-Paris, Greg LeMond, 1989 ; **B.** Pornic-Nantes, David Millar, 2003 ; **C.** Avranches-Mont-Saint-Michel, Tony Martin, 2013.

LE TOUR AU FÉMININ – PAGES 50-51

1. LE QCM DU TDF

A. a ; **B.** a ; C. b (41 exactement) ; **D.** a (il a fallu attendre les années 1980 pour que soit réorganisé un Tour de France au féminin).

2. L'ALBUM SOUVENIR DU TOUR

A. Jeannie Longo ; **B.** Française ; **C.** 3 (1987, 1988 et 1989) ; **D.** 4 (et un autre en 1995) ; **E.** Maria Canins.

3. LE BON CHOIX

A. 8 étapes ; **B.** 24 équipes de 6 coureuses ; **C.** Annemiek van Vleuten ; **D.** La Super Planche des Belles Filles ; **E.** 4ᵉ ; **F.** Juliette Labous.

4. ANAGRAMMES

A. Edwige Pitel ; **B.** Audrey Cordon-Ragot ; **C.** Pauline Ferrand-Prévot ; **D.** Évita Muzic

5. PORTRAITS DE CHAMPIONNES

A. 2, 4 ; **B.** 1, 6 ; **C.** 3, 5.

6. PHOTO MYSTÈRE

A. Qu'elle est championne de France de cyclisme sur route (victoire acquise une fois, en 2012) ; **B.** Il s'agit de Marion Rousse. **C.** Elle en a été la directrice de course.

ÉTAPE 20 – PAGES 52-53

1. LE TOUR DE LA CAPITALE

A. La cathédrale Notre-Dame de Paris ; **B.** La tour Eiffel ; **C.** L'obélisque de la place de la Concorde ; **D.** Le Grand Palais ; **E.** La pyramide du musée du Louvre ; **F.** Le château de Chambord (là est le piège car ce n'est pas un monument parisien !) ; **G.** Le palais Bourbon ; **H.** Le musée du Louvre (encore lui !).

2. LE QCM DU TDF

A. b ; **B.** a ; **C.** c ; **D.** b.

3. DEVINETTE À BICYCLETTE

A. Elles se sont déroulées en fin de journée, avec une arrivée aux alentours de 21 h 30 ; **B.** Parce que ces deux éditions célébraient un événement : la 100ᵉ édition du Tour de France pour 2013, et le centenaire du maillot jaune pour 2019.

4. L'ALBUM SOUVENIR DU TOUR

A. Laurent Fignon ; **B.** Française ; **C.** « L'Intello » ; **D.** Greg LeMond ; **E.** 8 secondes !

MÉMORISEZ, PRÊT, PARTEZ ! : JEU N° 2 DE L'ÉTAPE 18

A. Faux, il est en train de sauter ; **B.** Vrai ; **C.** Vrai ; **D.** Faux, elles sont rouges ; **E.** Faux ; **F.** Faux.

ÉTAPE 21 – PAGES 54-55

1. L'ALBUM SOUVENIR DU TOUR

A. Le Slovène Tadej Pogačar.

B. Le Danois Jonas Vingegaard.

C. Le Belge Wout van Aert.

Questions subsidiaires : Jonas Vingegaard a aussi remporté le classement du meilleur grimpeur (maillot à pois) et Wout van Aert a aussi remporté le prix de la combativité.

2. LE PODIUM DES NATIONALITÉS

A. b-d-e-c-a. 1. France, 36 victoires ; 2. Belgique, 18 ; 3. Espagne, 12 ; 4. Italie, 10 ; 5. Grande-Bretagne, 6.

B. b-e-v-d-a. 1. France, 21 victoires ; 2. Espagne, 12 ; 3. Italie, 7 ; 4. Belgique et Grande-Bretagne, 6.

3. LE JUSTE PRIX

Victoire finale	500 000 euros
2e place sur le podium final	200 000 euros
3e place sur le podium final	100 000 euros
4e place sur le podium final	70 000 euros
5e place sur le podium final	50 000 euros
Meilleur grimpeur	25 000 euros
Meilleur sprinteur	25 000 euros
Meilleur jeune	20 000 euros
Victoire d'étape	11 000 euros
2e place à une étape	5 500 euros
3e place à une étape	2 800 euros
Porter une journée le maillot jaune	500 euros
Porter une journée le maillot vert, à pois ou blanc	300 euros
Finir le Tour, quelle que soit sa place	1 000 euros

4. RECORDS DU TOUR

A. Eddy Merckx (en 1969) ; **B.** Raymond Poulidor (8 fois) ; **C.** Joop Zoetemelk (6 fois) ; **D.** Eddy Merckx (111 fois) ; **E.** Henri Cornet (19 ans, en 1904) – Tadej Pogačar a remporté le Tour 2020 à l'âge de 21 ans, ce qui en fait le plus jeune vainqueur du Tour depuis 1904 ; **F.** Miguel Indurain (de 1991 à 1995).

MÉMORISEZ, PRÊT, PARTEZ ! : JEU N° 2 DE L'ÉTAPE 19

A. Faux, il est gris ; **B.** Faux, c'est un drapeau du Danemark ; **C.** Faux, c'est la roue arrière qui est pleine ; **D.** Vrai ; **E.** Vrai ; **F.** Faux, il est assis sur sa selle ; **G.** Faux, c'est un clocher.

LES DERNIERS VAINQUEURS

2013
CHRISTOPHER FROOME

2014
VINCENZO NIBALI

2015
CHRISTOPHER FROOME

2016
CHRISTOPHER FROOME

2017
CHRISTOPHER FROOME

2018
GERAINT THOMAS

2019
EGAN BERNAL

2020
TADEJ POGACAR

2021
TADEJ POGACAR

2022
JONAS VINGEGAARD

VAINQUEUR 2023
....

Direction : Didier Férat
Direction éditoriale : Corinne Cesano
Édition : Iris Odier
Fabrication : Camille Friquet

Coordination : Le Livre d'Après, ouverture : marguerite.coop

Crédits photos : © A.S.O. Pauline Ballet p. 18, 24 (en bas), 48, 54, 58, 59 (à droite, en bas) ; A.S.O Fabien Boukla p. 23, 59 (à droite, au milieu) ; © A.S.O. Charly Lopez p. 14 (en bas, à droite) ; A.S.O. Aurélien Vialatte p. 27 (en haut), 60 ; © Presse Sports p. 9, 11, 15 (en bas), 16, 17, 20, 21, 22, 24 (au milieu), 25 (au milieu), 27 (en bas), 28, 29, 31, 35 (bas), 36, 37, 39, 40, 41, 42, 50, 51, 52, 53, 57, 59 (gauche), 61 ; © Adobe Stock : 15 (en haut), 25 (en bas), 32, 35 (haut), 45, 62 et toutes les images en fond des pages ; DR : 30.

92, avenue de France – 75013 Paris

ISBN : 978-2-263-18237-2
Code éditeur : L18237
Dépôt légal : mai 2023
Imprimé en France par Clerc